¡100 COSAS

PARA LAS QUE NO NECESITAS A UN HOMBRE!

BUENO, HA LLEGADO LA HORA DE CAMBIAR LA DECORACIÓN. ¡EH! PODRÍA HACERLO YO MISMA, SI SUPIERA CÓMO...

Mejora y Reparación del hogar

¡100 COSAS

PARA LAS QUE NO NECESITAS A UN HOMBRE!

Alison Jenkins

lisma

Este libro fue concebido, diseñado y producido por

THE IVY PRESS LIMITED

The Old Candlemakers, West Street

Lewes, East Sussex BN7 2NZ

Director creativo: PETER BRIDGEWATER

Editora: SOPHIE COLLINS

Dirección editorial: STEVE LUCK

Director artística: CLARE BARBER

Diseñador en Mac: GINNY ZEAL

Editora en jefe del proyecto: CAROLINE EARLE

Fotografías: IAN PARSONS

Fotografías adicionales: CALVEY TAYLOR-HAW

Ilustraciones: ANNA HUNTER-DOWNING, IVAN HISSEY

Búsqueda de imágenes: LIZ EDDISON, VANESSA FLETCHER

Versión española © 2002, Lisma Ediciones, S.L.

Coordenación editorial de la edición española:

Centralivros, Lda., Lisboa

Traducción: Jania Salazar, Lisboa

Revisión: Marte Muñoz, Lisboa

Fotocomposición: Jorge M. Belo, Lisboa

1.ª edición: Junio de 2002

ISBN: 84-95677-19-9

Impreso en China by Hong Kong Graphics and Printing Ltd

Contenido

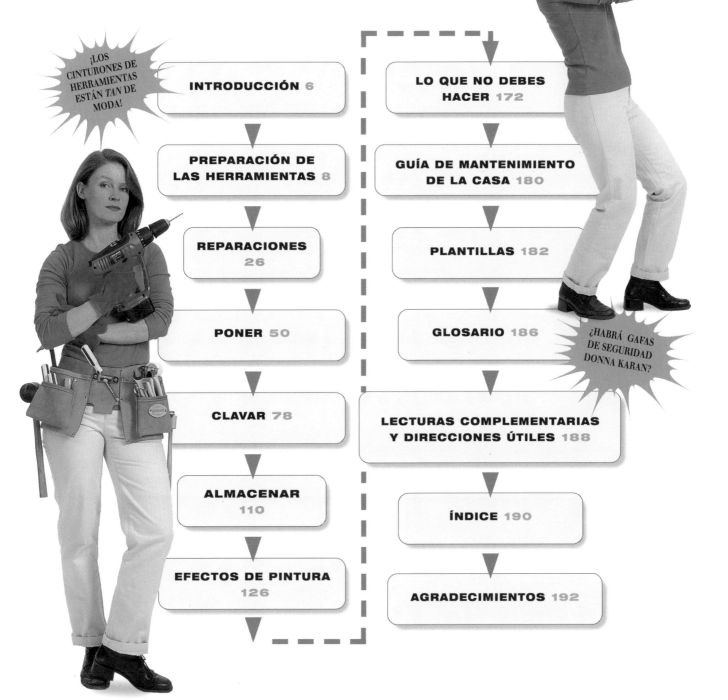

¡LOS CINTURONES DE HERRAMIENTAS ESTÁN TAN DE MODA!

INTRODUCCIÓN 6

PREPARACIÓN DE LAS HERRAMIENTAS 8

REPARACIONES 26

PONER 50

CLAVAR 78

ALMACENAR 110

EFECTOS DE PINTURA 126

LO QUE NO DEBES HACER 172

GUÍA DE MANTENIMIENTO DE LA CASA 180

PLANTILLAS 182

GLOSARIO 186

LECTURAS COMPLEMENTARIAS Y DIRECCIONES ÚTILES 188

ÍNDICE 190

AGRADECIMIENTOS 192

¿HABRÁ GAFAS DE SEGURIDAD DONNA KARAN?

UNAS CUANTAS PALABRAS DE SABIDURÍA

Introducción

LA MAYORÍA de la gente a la que le he hablado sobre este libro o se ha reído a carcajadas o al menos ha disimulado una sonrisilla. Este libro no pretende ser un manual aburrido y pesado que te sumirá en un profundo sueño desde las primeras tres páginas, no pretende deslumbrar a la lectora con términos técnicos y diagramas complicados. Sólo estoy tratando de ofrecerte un libro sencillo y simple, hablando en cristiano – el acercamiento directo es siempre el mejor.

Mi madre siempre solía decir: si quieres que algo esté hecho, entonces hazlo tú misma. Supongo que esto ha quedado indeleblemente impreso en mi mente desde que era niña. Algunas personas nacieron prácticas, otras llegaron a ser prácticas y otras han dejado a los otros ser los prácticos. Espero que este libro te ayude, sea cual sea la categoría en la que te sitúes (o te descubras). Sin embargo también tengo que agradecer a mi padre el haber desarrollado en su hija un saludable interés por artefactos maravillosos y herramientas útiles. Una vez me dio como regalo para mi nueva casa dos palancas de pie de cabra pequeñas y un mazo de goma, diciendo muy emocionado: «las palancas de pie de cabra son siempre útiles y tu nunca sabes cuándo vas a necesitar golpear a alguien sin dejarle marcas. Cuánta razón tenía – y realmente me gusta mi regalo, muchísimo.

La mayoría de los trabajos básicos de bricolaje son bastante sencillos: todo lo que necesitas es saber qué hacer, cómo hacerlo y qué hacer con ello. Si como yo, eres la orgullosa propietaria de tu nueva casa, y también la de una raquítica cuenta bancaria, entonces con toda seguridad necesitas este libro. Sería muy raro que tu montaje en serie estuviera en perfectas condiciones y que no necesitaras ningún tipo de arreglo o de mejora. ¿Y qué es lo que vas a hacer? ¿Llamar a algún chico para que te lo repare y que darte sin ese vestido y esos maravillosos zapatos nuevos? ¿Qué es lo que preferirías? – ¿Pagar una factura desorbitada o comprarte un bolso nuevo? ¡No hay comparación en lo que a mi concierne, un bolso nuevo gana siempre!

Desde mi punto de vista, no hay nada que pueda detener a una mujer para hacer en su hogar sus propios arreglos y reparaciones, y si un hombre quiere impresionarte hay otras maneras en que puede hacerlo – para eso inventó Dios los restaurantes y el champagne, ¿no crees? Pero ya en serio, chica – léetelo. Vas a aprender a amar tu caja de herramientas, disfrutar cada viaje a la tienda de bricolaje y no vas a querer volver a ver la madera de la misma manera que antes. Sí, puedes aprender a cómo arreglar, colocar, martillear, almacenar y después también aprender a saber cuándo no hacerlo. Este libro es un viaje a través de la reparación, mantenimiento y decoración básicos del hogar con todas las indicaciones fáciles de poner en práctica sin palabrerías innecesarias ¡desde todo lo concerniente a la puerta de entrada hasta las alacenas de la cocina! También incluye proyectos originales para la mejora del hogar bastante baratos de realizar – las claves de la derecha muestran el nivel de dificultad, el coste y el tiempo que llevará hacerlos.

Para concluir, he aquí algunas palabras sabias antes de que lleves con confianza tu caja de herramientas y te conviertas en una diva de los trabajos de bricolaje. Confucio decía: «En todas las cosas, el éxito depende en la preparación, sin la cual todo está abocado al fracaso.» No tienes que recitar este mantra de los trabajos de bricolaje todo el tiempo, pero recuerda constantemente la importancia de esa preparación, pues vas a estar escuchándola a lo largo de este libro, ya que es, verdaderamente, la llave del éxito.

Así que, chica, que te diviertas intentando hacer las 100 cosas para las que no necesitas a un hombre, ¡después puedes salir de compras y gastar todo el dinero que has ahorrado! ¡Disfrútalo al máximo!

✳ YA NO VOLVEREMOS A NECESITAR A UNO DE ESTOS – POR LO MENOS NO PARA LOS TRABAJOS DE BRICOLAJE.

Claves

☞ ¿Cuánto tiempo va a llevar, cuánto va a costar y cuál es su dificultad? Usa las claves de abajo como guías para los proyectos originales presentados a lo largo de este libro.

🪚 *muy fácil de hacer*

🪚🪚 *no es difícil, pero se requiere pensar un poco*

🪚🪚🪚 *no es indicado para una principiante total*

$ *increíblemente barato*

$ $ *vale lo que cuesta*

$ $ $ *no es barato, pero es más barato que comprarlo*

☕ *acabas casi inmediatamente*

☕☕ *alrededor de medio día de trabajo*

☕☕☕ *alrededor de un día de trabajo*

☕☕☕☕ *reserva un fin de semana completo*

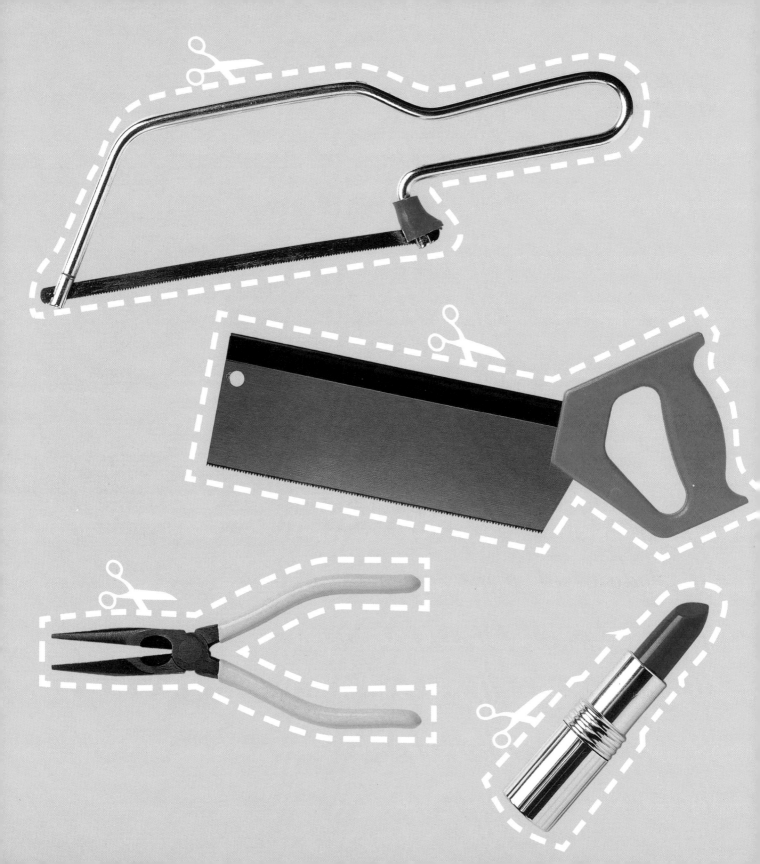

PREPARACIÓN DE LAS HERRAMIENTAS

Todo lo que una chica necesita para arreglar, colocar, clavar, almacenar y decorar. ¡Es tan fácil como hacerte con un equipo de maquillaje!

De compras

¡**L**A CAJA de herramientas! Puede que estas palabras no te emocionen tanto como lo harían las de «zapatos nuevos», pero créeme, una chica necesita tener la herramienta correcta para realizar su trabajo (así como necesitas los zapatos correctos para combinar con el conjunto). Por lo pronto reconozco que la mayoría de vosotras tenga muchas otras cosas mejores en que gastar su dinero duramente ganado que en una enorme y reluciente caja de herramientas, pero unos pocos productos básicos no te llevarán a la bancarrota y te aseguro que la mayoría de las veces demostrará ser inestimable.

HERRAMIENTAS MANUALES BÁSICO

En general, las herramientas se dividen en dos categorías: las manuales y las eléctricas. Las herramientas manuales son las que no utilizan energía eléctrica, lo que quiere decir que tú haces todo el trabajo. Aquí verás una pequeña selección de ingredientes esenciales para tener tu caja de herramientas lista para comenzar.

Nivelador

Es una herramienta esencial en un mundo inclinado. Los hay de todos los tamaños, pero el de tamaño mediano es suficiente pues tiene dos burbujas con las que puedes ver la horizontal y vertical perfecta (algunas hasta tienen una tercera burbuja para ángulos de 45 grados). Utilízala cuando cuelgues un estante, coloques el papel de empapelar y cosas similares.

Destornillador de cabeza plana

Destornillador de cabeza de cruz

Revisa siempre que la herramienta tenga un mango cómodo y resistente antes de comprarla.

Alicate de naríz plana

Alicate de naríz larga

Destornilladores

Los hay en numeroso tamaños y formas, pero cuatro son los esenciales. Los tipos básicos son los destornilladores de cabeza plana para tornillos con una ranura en la cabeza y los de cabeza de cruz para tornillos con dos ranuras en forma de cruz en la cabeza. Escoge los que tengan el mango cómodo y que los sientas bien en tu mano – los de tamaño pequeño y mediano en ambos tipos son suficientes. También puedes comprar una herramienta multipropósitos con sólo mango y con cabezas intercambiables. ¡Perfecto!

Alicates

Estuche de tres: de naríz plana y lado cortador. Úsala para el agarre y manipulación del metal, alambre o cualquier cosa estrecha o circular. Los lados que cortan son excelentes para cortar los extremos de los alambres.

HERRAMIENTAS DE FILO

Cuchilla de carpintero La mayoría de vosotras tendrá una de estas – del tipo con hojas salientes – para cortar papel y otros materiales ligeros.

Navaja estanley Es una versión más resitente de la cuchilla de carpintero; tiene hojas reemplazables de doble filo. Úsala para cortar y raspar materiales duros como vinilo grueso o alfombras.

Navaja estanley

Martillo de orejas

¡NO ES SÓLO UN MARTILLO, ES UNA OPORTUNIDAD PARA SALIR DE COMPRAS!

Martillos

Dos son suficientes para principiantes: un martillo para puntas y clavos pequeños y el más pesado, el martillo de orejas, para martillear cosas más grandes y quitar clavos viejos. Elígelos con mangos cómodos y ligeros de usar.

Martillo para puntas

SIERRAS

Sierra de costilla Sierra rígida para cortar pedazos gruesos de madera en trabajos sencillos de carpintería.

Sierra para metales junior Sierra pequeña con hoja reemplazable para cortar tubos de metal de pequeño calibre o madera fina.

Sierra de costilla

NO PUEDES HACERLO SIN ESTAS HERRAMIENTAS

Punzón Es una barra puntiaguda de metal con empuñadura, se usa para hacer agujeros de prueba antes de insertar el tornillo en la madera (hay el peligro de causar hendiduras en la madera si olvidas hacer primero el hoyo de prueba). También es muy útil para marcación de todo tipo de agujeros.

Escuadra Este pequeño artefacto te facilita la vida cuando tengas que cortar un cuadrado perfecto en la madera. La hoja de acero se coloca a 90 grados del mango. Sujeta el mango en el borde de la madera, luego marca con un lápiz la línea de corte a lo largo de la orilla.

Llave inglesa ajustable Una excelente herramienta para tener. Su tenaza ajustable se adapta a objetos de diferentes tamaños.

Tenazas de sujeción Parecen un minidinosaurio mecánico con mordazas de sujeción que se ajustan y cierran para facilitar el trabajo. Una especie de híbrido de la prensa de mano.

Cinta métrica plegable de metal Escoge una que tenga alrededor de 5 m de largo y pueda ser cerrada desde cualquier punto. Esto te permite medir la longitud y la anchura de los objetos fácilmente.

Regla Sirve para cortar bordes rectos cuando estas usando la navaja estanley o dibujando márgenes rectos.

Cinceles

Un estuche para principiantes de tres (pequeño, mediano y grande) es una útil adquisición para tu caja de herramientas si pretendes hacer cualquier trabajo de carpintería. Utiliza el cincel para cortar hendiduras para cerraduras y bisagras y para hacer junturas sencillas.

Cincel

Sólo enchufar y listo

HERRAMIENTAS ELÉCTRICAS

¡Si! ¡Has llegado al poder! Las herramientas eléctricas son fantásticas. Una vez que hayas experimentado la electricidad, nunca más mirarás atrás. Las herramientas eléctricas hacen que los trabajos de bricolaje sean más fáciles, rápidos y en general más placenteros. Las herramientas eléctricas que no tienen cables son aún más deseables y maravillosas. Estas son activadas por una batería interna recargable, por lo que puedes desplazarte por donde tú quieras!

✻ ¡TODA EQUIPADA CON HERRAMIENTAS Y VESTIDA PARA TALADRAR!

Broca de paleta o broca plana

Brocas para taladro enroscadas

Broca avellanada

Brocas de taladro
Hazte con un estuche de brocas multiusos para comenzar y luego vete aumentándolo en la medida que sea necesario. Algunas brocas de cabeza plana son útiles para perforar agujeros más grandes, y una broca de avellana hace ranuras pequeñas para meter la cabeza del tornillo correctamente.

Taladros
Es mejor tener uno que tenga un portabroca sin portabroca (esto quiere decir que no necesitas una llave de brocas para cambiar la broca) Las que no tienen cable son buenas, pero no son absolutamente necesarias.

Y TAMBIÉN LAS HAY DE DIFERENTES COLORES

Sierra alternativa vertical
La sierra alternativa vertical cambió mi vida y cambiará la tuya también. En general, esta sierra se usa para cortar curvas en madera, bordes e incluso metal o cerámica con la hoja correcta. Puedes cortar cualquier ángulo o forma, y si te quieres poner realmente artística, compra la sierra alternativa deslizable con manilla ajustable para formas intrincadas.

Lijadora orbital

Pistola de silicona

No es literalmente una herramienta eléctrica si te quires poner purista, pero es útil para dosificar el pegamento. Es una herramienta que tiene la forma de pistola y que calienta tiras de silicona que se insertan previamente en la parte posterior. Aprieta el gatillo sobre el objeto que quieras pegar. Hazlo con cuidado porque se calienta bastante y las yemas de tus dedos pueden quedarse pegadas.

Lijadora eléctrica

Otro artefacto que te ahorra sangre, sudor y lágrimas. Lija todo excepto trabajos pequeños o contorneados. La lijadora especial para detalles tiene la forma de la almohadilla para lijar, lo que te permite entrar en esquinas pequeñas o difíciles. Lijar continúa siendo un trabajo difícil aun con la lijadora eléctrica, pero con ella es mucho menos pesado.

Destornillador eléctrico

Puede parecer que no es necesario, pero intenta ensamblar muebles desarmables sin uno y verás. Te evita el cansancio de atornillar y desatornillar (también tiene la función contraria).

Lijadora especial para detalles

Cortador de papel para empapelar

Esta hace que cortar el papel para empapelar sea como comerse un dulce. Tiene un depósito de agua que se calienta para generar vapor. El vapor entonces se suelta por una almohadilla que pones en la pared; en la medida en que el papel para empapelar comienza a humedecerse, se puede despegar con más facilidad.

NO LO PUEDES HACER SIN

Pistola de aire caliente Aunque parece una secadora de cabello, este artefacto emite un intenso calor que derrite la pintura para que la puedas quitar sin el raspador o el raspador de pintor. Sólo aprieta el gatillo y apunta en la pintura que quieres quitar.

EQUIPO DE PINTURA Y DECORACIÓN

ES COMO EL MAQUILLAJE – ¡ELIGES LOS COLORES QUE TE GUSTAN Y TE LOS PONES CON LA BROCHA!

El nombre ya lo dice – todo el equipo que vas a necesitar para decorar tu casa. Cosas para usar y desechar, para conservar y para colgar. Es una inversión el tener estos objetos básicos, pues facilitan mucho los trabajos relacionados con la decoración. Substituirlos por otras cosas simplemente no ayuda – sólo se puede retirar el papel para empapelar con un raspador y punto.

Brochas para pintar

EN MARCHA

Brochas Puedes adquirir una gran variedad de brochas para cualquier tipo de pintura que tu corazón desee. Comienza con un equipo básico de tres: 100 mm, 50 mm y 25 mm para pintura general. Las brochas con borde de cincel con cerdas anguladas son muy útiles para pintar alrededor de las ventanas, de las puertas o accesorios. Puedes comprar otras brochas para diferentes efectos de pintura como el rayado o el de color deslavado.

Almohadillas Una alternativa diferente a las brochas o rodillos. Fáciles y rápidas para pintar superficies planas, además de económicas. Úsalas junto con la cubeta para pintura.

Rodillos básicos Los rodillos para pintar vienen en tamaños regulares de 180 mm y 230 mm. El tubo demontable puede ser de esponja o de felpa larga o felpa corta. Hay rodillos especiales que tienen mangos más largos para pintar detrás de los radiadores o extensiónes del mango para pintar techos.

Cubeta Bandeja de plástico ideada para el rodillo. Posee un fondo para la pintura y una zona alta que permite que el rodillo absorba la pintura de forma uniforme.

Esponjas Las esponjas naturales las puedes usar para pintar múltiples efectos decorativos.

Cubo para pintura

Son pequeños recipientes de metal o plástico con asas y se usan para aclarar o mezclar pintura.

Rodillos para pintar

Pinceles

Brocha para efectos de rayado

Es importante que el papel pintado sepa cuál es su sitio.

Cordeles

Átale un pedazo de cordel a las patas de la mesa para empapelar por un extremo. Sostén el borde del papel detrás del cordel para evitar que se enrede cuando lo intentes cortar o empastar.

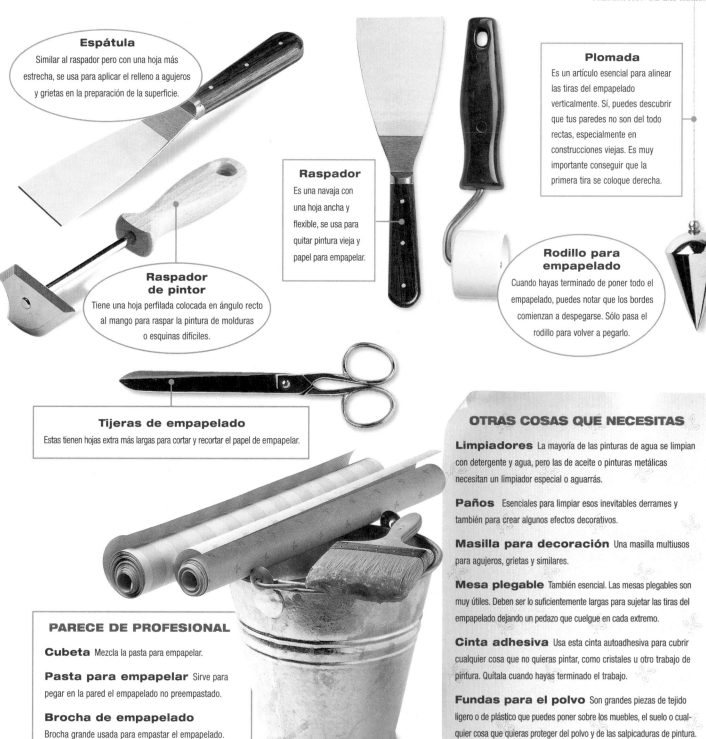

Espátula

Similar al raspador pero con una hoja más estrecha, se usa para aplicar el relleno a agujeros y grietas en la preparación de la superficie.

Raspador

Es una navaja con una hoja ancha y flexible, se usa para quitar pintura vieja y papel para empapelar.

Raspador de pintor

Tiene una hoja perfilada colocada en ángulo recto al mango para raspar la pintura de molduras o esquinas difíciles.

Plomada

Es un artículo esencial para alinear las tiras del empapelado verticalmente. Sí, puedes descubrir que tus paredes no son del todo rectas, especialmente en construcciones viejas. Es muy importante conseguir que la primera tira se coloque derecha.

Rodillo para empapelado

Cuando hayas terminado de poner todo el empapelado, puedes notar que los bordes comienzan a despegarse. Sólo pasa el rodillo para volver a pegarlo.

Tijeras de empapelado

Estas tienen hojas extra más largas para cortar y recortar el papel de empapelar.

OTRAS COSAS QUE NECESITAS

Limpiadores La mayoría de las pinturas de agua se limpian con detergente y agua, pero las de aceite o pinturas metálicas necesitan un limpiador especial o aguarrás.

Paños Esenciales para limpiar esos inevitables derrames y también para crear algunos efectos decorativos.

Masilla para decoración Una masilla multiusos para agujeros, grietas y similares.

Mesa plegable También esencial. Las mesas plegables son muy útiles. Deben ser lo suficientemente largas para sujetar las tiras del empapelado dejando un pedazo que cuelgue en cada extremo.

Cinta adhesiva Usa esta cinta autoadhesiva para cubrir cualquier cosa que no quieras pintar, como cristales u otro trabajo de pintura. Quítala cuando hayas terminado el trabajo.

Fundas para el polvo Son grandes piezas de tejido ligero o de plástico que puedes poner sobre los muebles, el suelo o cualquier cosa que quieras proteger del polvo y de las salpicaduras de pintura.

PARECE DE PROFESIONAL

Cubeta Mezcla la pasta para empapelar.

Pasta para empapelar Sirve para pegar en la pared el empapelado no preempastado.

Brocha de empapelado Brocha grande usada para empastar el empapelado.

No sólo para profesionales

DE ESPECIALISTA PERO ÚTILES

Estas son el tipo de herramientas y artefactos pequeños por los que realmente me emociono; no son los esenciales que usarás todo el tiempo, pero cuando un trabajo delicado se presenta – ¡la verdad, chica, te preguntarás qué es lo que hacías tú sin ellos! Simplemente trata de marcar una repisa que encaje en una hornacina que sea todo menos cuadrada sin una escuadra o cortar bien los cables usando un cuchillo de carpintero. Créeme, el agregar algunas herramientas especializadas a tu equipo te ahorrará, sin duda, tiempo y energía.

RECOMENDAMOS UN MAZO DE GOMA PARA ESAS OCASIONES EN QUE QUIERAS GOLPEAR ALGO SIN DEJAR MARCAS

Falsa escuadra

Una fantástica herramienta pequeña que se utiliza para encontrar ángulos internos cuando, por ejemplo, necesitas cortar una repisa que quepa en una hornacina que no es perfectamente cuadrada. Simplemente pon la falsa escuadra en la esquina, abre la hoja y ahí está tu ángulo. Úsalo para marcar el ángulo correcto sobre el material a cortar.

✳ TANTAS HERRAMIENTAS INTERESANTES Y TAN POCO TIEMPO.

Mazo de goma

Martillo pesado con cabeza de goma, útil para martillear espigas.

Banco de carpintero portátil

Adoro mi banco de taller. Es plegable, se le puede ajustar la altura y es completamente adaptable a todo tipo de cosas. No es esencial, pero está a mano cuando necesitas serrar alguna cosa – mejor que usar la mesa de la cocina.

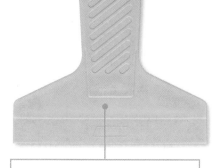

Aplicador de cola

Es una navaja de plástico con hoja flexible, se usa para una aplicación uniforme y en capas finas.

Alicates de postillón

Otra bestia con tenazas filosas. Esta ingeniosa y pequeña herramienta corta el electroaislamiento del alambre eléctrico sin dañar los cables de dentro.

Alisadora surform

Me he comprado una hace poco y ahora me pregunto cómo hacía antes de tenerla. Magnifica para quitar bordes rugosos de madera y reducir el tamaño de las piezas – arreglar puertas atascadas, redondear esquinas y cosas similares. Las hojas son reemplazables y de varios tamaños.

Patas de cabra

Estas palancas sirven para quitar clavos, yeso, el revestimiento del piso, etc.

Localizador de vigas

Mecanismo para localizar soportes o vigas entre las paredes de yeso. Pon los tornillos en estos lugares para darles más resistencia.

Sierra cónica

Sí, sí, otra herramienta que cambió mi vida. Una caja de inglete está bien, pero una de estas es indispensable. Corta el ángulo que quieras, hace cortes perfectamente rectos y junturas de ángulo perfectas.

Puede que no necesites a un hombre, pero sí necesitas un busca-vigas — no es lo que tú te piensas.

Más herramientas para facilitarte las cosas

EQUIPO MISCELÁNEO ÚTIL

De nuevo, no son absolutamente necesarios, exceptuando, tal vez, la escalera manual, pero sí que son útiles. Esto lo notarás claramente cuando intentes sacar un tornillo con un par de pinzas en lugar de con la llaves de apretar tuercas o intentar sujetar algo sólido mientras lo cortas sin tener una prensa de mano, o prueba a empapelar sobre una silla de la cocina mientras te tambaleas de un lado para otro. Siempre es bueno tener las herramientas correctas para el trabajo.

Grapadora

Esta debería estar posiblemente entre las herramientas indispensables, pues la grapadora es una herramienta magnífica para fijar montones de cosas, especialmente accesorios ligeros, hacer persianas y cosas similares.

Esta viene en diferentes tamaños

Sargentos

Esta se parece a la letra `G` de perfil, de ahí el nombre en inglés (prensa tipo 'G'), y se usa para prensar cosas mientras las sierras o pegas.

✻ DISPONGO DE MÁS HERRAMIENTAS QUE UNA SONRISA DE GANADORA.

Escalera de mano

A menos que seas una chica muy alta, vas a necesitar algún equipo complementario. Una escalera de mano ligera y plegable deberá servir para los trabajos de bricolaje básicos. Muchas tienen un pasamanos en la parte de arriba, y la mayoría tiene una repisa plana para poner el balde de pintura y otras herramientas mientras trabajas.

Lápices

Lleva algunos lápices en tu caja de herramientas para marcar, en general. El tipo HB es el mejor – la marca deberá ser cuidadosa y exacta, pero no demasiado oscuro.

Llaves inglesas

Disponibles en diferentes tamaños, cada una con tenazas ajustables. No tan fuertes como una llave extensible o una llave inglesa de boca cerrada, pero con una tenaza móvil que permite sacar tornillos grandes, gastados o cubiertos de pintura.

Llave de tuercas ajustable

Mitad pinza, mitad llave, tiene una tenaza para cerrar ajustable. Contrae el mango y las tenazas sujetan el trabajo, luego aprieta.

Juego de llaves allen

Gran parte de los muebles que vienen empaquetados traen estas llaves para el ensamblaje. Guarda un juego de estas llaves a mano por si tienes luego que desmontarlo o ajustarlo.

Juego de casquillos adaptadores

Para trabajar con tuercas, clavijas y tornillos, este juego contiene un manubrio para los casquillos y una herramienta con puntas en cruz y en ranura de repuesto para tornillos.

MIRA NO LO PUEDES HACER SIN

Tijeras Ten un par de tijeras multiusos a mano para cortar o recortar. No uses tijeras de costura para cortar papel – arruinarías la hoja.

Compás Tal vez tengas uno de estos abandonado en tu viejo estuche de geometría. Traza un arco o dibuja un círculo.

Coger por los cuernos el trabajo duro

FERRETERÍA

Aquí tienes un surtido de accesorios comunes: para sujetar, para pegar y para ajsutar cosas pequeñas a otras mayores. Hay diferentes tipos de accesorios, cada uno diseñado para usarse en trabajos específicos. El éxito del trabajo de bricolaje se basa en elegir el adecuado. Encontrarás información útil impresa en los paquetes que te ayudará a elegirlo.

Clavo de alfiler

Clavo de ala de mosca

Calvo de puntas cobreadas

Clavo de cabeza perdida

Clavo de alambre de cabeza sencilla

Clavo de mampostería

Puntillas

Gancho para colgar cuadros de una barra

Gancho para cuadros de una punta

Gancho para cuadros de dos puntas

✳ ¿NO TE ENCANTAN TODOS ESTOS ACCESORIOS?

Gancho para cuadros de dos puntas

CLAVOS

☞ Los clavos están hechos de metal y los hay de todas las formas y tamaños. Cada uno está diseñado para propósitos específicos o para usar con un determinado material. Las puntas son clavos finos que varían de medida de 15 mm a 4 cm y se usan para pegar tablones o molduras a armazones de madera o para hacer pequeñas junturas. Los clavos tipo alfiler se usan para unir las placas de las cerraduras y otras placas de apoyo. Si estás fijando molduras gruesas tales como los arquitraves, usa los clavos de cabeza perdida; estos tienen una cabeza que puede ser martilleada debajo de la superficie con un punzón botador. Los clavos de alambre se usan donde no sean vistos, porque la cabeza queda visible. Los clavos de mampostería son los grandes y fuertes que se usan para juntar la madera a la mampostería, ladrillos y hormigón. Hay otro tipo de clavos como puntillas de piso para pegar los tablones del piso a las vigas, de puntas vidriadas para asegurar los cristales al marco de la ventana, los clavos para tapizar y pequeñas tachuelas para el trabajo general de tapicería.

Accesorios para colgar cuadros

Los tradicionales accesorios de cobre para colgar cuadros están disponibles con una o dos puntas. Los accesorios de plástico tienen unas pequeñas puntas de metal en la parte de atrás que sujetan con fuerza cuando se clavan en la pared. Los ganchos para colgar cuadros de una barra sólo tienes que colgarlos o encajarlos en esta. Cuando se cuelga un cuadro o cristal pesado, usa cristales planos. Estas chapas se colocan en el lado trasero del marco y entonces pueden atornillarse con fuerza a la pared.

Chapas para espejos

TORNILLOS

☞ En general, los tornillos se clasifican dentro de dos categorías: con cabeza de ranura, los que tienen una ranura recta en la cabeza, y los de cruz que son los que tienen una cabeza con una incisión en forma de cruz (a veces llamados Posidriv o Phillips) Pueden ser de cabeza saliente, los cuales se ponen sobre una superficie y pueden ser también decorativos, o avellanados, cuando la cabeza del tornillo penetra hasta el fondo del agujero que habías taladrado previamente. Para los trabajos en madera, los tornillos avellanos son los mejores. Como los clavos, hay una gran cantidad de tornillos de diferentes diámetros y longitudes, cada uno diseñado para propósitos específicos. Y lo bueno de los tornillos es que fácilmente los puedes desatornillar.

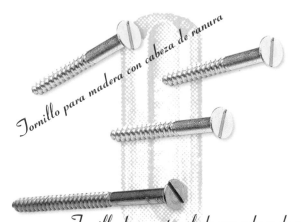

Tornillo para madera con cabeza de ranura

Tornillo de acero templado con cabeza de ranura

Tornillo con cabeza de cruz

Tornillo para enyesado

Tornillos de mariposa/ /fiador de muelle

Se fijan muy resistentemente en la cavidad de la pared. Los tornillos de mariposa se abren dentro de la cavidad. Cuando el tornillo se aprieta, queda firmemente insertado en la pared.

⅄ Anillas para tornillos

Es un pequeño collar de metal que se desliza dentro del tornillo antes de que este sea insertado. La cabeza del tornillo se asienta en el collar para hacer una fijación ajustada y decorativa, lo que también significa que no necesitas taladrar un agujero primero.

Tacos de plástico

LOS TACOS DE PLÁSTICO GARANTIZAN QUE LOS TORNILLOS QUEDEN MÁS SUJETOS

INGREDIENTES VITALES

Tacos Cuando quieras fijar algo en la pared, vas a necesitar primero taladrar un agujero y luego insertar el taco. El tornillo no se ajusta en ningún tipo de mampostería sin usar uno de ellos. Los tacos son refuerzos plásticos que cubren el agujero taladrado y posibilitan una buena sujecion para la rosca del tornillo; esto evita que el tornillo se salga bajo presión. Cuando compres tacos, la etiqueta del paquete indica qué tamaño de broca vas a necesitar. Sólo taladra el agujero, inserta el taco y métalo con el martillo.

Hay diferentes tipos de tacos para muros sólidos y paredes de yeso. Las paredes sólidas son lo suficientemente resistentes, pero el enyesado es diferente porque no hay nada detrás de ella donde el tornillo pueda sostenerse. Los tacos para paredes huecas tienen un tubo semirrígido, y funcionan según el principio de que cuando se inserta el tornillo el tubo se abre para sujetarlo y apretarlo con fuerza contra el interior del enyesado.

Mudarse al baño

EQUIPO ESPECIAL PARA ALICATADO

Embaldosar parece un trabajo imposible, pero las herramientas correctas hacen la vida mucho más fácil. Elegir los azulejos no es la única parte bonita – artefactos útiles tales como los cortadores de baldosines, sierras para baldosas, recortadoras y alicates para azulejos te ayudarán a alicatar cualquier tipo de pared, sin importar cuántas tuberías y otros objetos se pongan en tu camino.

Imagina que le recortas a él unos trocitos antes de irte a la cama, ¿o estás demasiado cansada esta noche?

Cortadora de baldosas y recortadora de chapa

Las cortadoras de baldosas son estupendas para cortar baldosas, especialmente de mosaicos, con formas específicas. Sólo sujeta el azulejo con una mano y contrae las tenazas de la cortadora por el otro extremo. El azulejo se partirá limpiamente en dos. Intenta cortar las baldosas, primero a la mitad, después experimenta con formas más irregulares y pequeñas. La práctica hace al maestro, así que asegúrate de tener algunos azulejos de sobra. La recortadora de chapa es similar a la cortadora pero tiene una parte para cortar entre las tenazas. Puedes literalmente «arrancar» el borde del azulejo para hacer una pequeña forma curva que encaje alrededor de las tuberías, etc.

Cuchillo para masilla

Tú ya has visto esta herramienta antes. También puede usarse para aplicar cemento o yeso.

Cincel de apoyo

Tiene una hoja más ancha que el cincel normal. Úsalo con el martillo para quitar las baldosas del piso. Para la baldosa de la pared usa un cincel de acero templado (véase el cuadro). Un cincel de apoyo también es útil para levantar la madera de un suelo.

Corta-baldosas

Es una herramienta manual que se usa para marcar y cortar baldosas en líneas perfectamente rectas. Sólo tienes que colocar la baldosa sobre el cortador y luego bajar la cuchilla con fuerza – sólo una vez – a lo largo de la superficie, luego pon la baldosa dentro de las tenazas para cortar.

Paleta

Coge el pegamento con esta herramienta, luego espárcelo sobre la pared. Tiene una punta puntiaguda que se introduce entre las baldosas y dentro de las esquinas.

Espaciadores

Esencial para colocar las baldosas a una distancia uniforme. Los espaciadores son objetos de plástico en forma de cruz que se colocan entre las baldosas, manteniendo cada una a la distancia correcta de la otra. Y así puedes colocar el cemento encima de ellos.

LO MÁS "IN"

INSPÍRATE CON TODAS ESAS REVISTAS DE DECORACIÓN

Baldosas

¡Para embaldosar necesitas baldosas! Existe una gran cantidad de opciones: de tamaños y formas regulares, baldosas más pequeñas para rellenar espacios, azulejos decorativos, baldosas para las esquinas y los bordes, además existen baldosas con grabados tridimensionales y con relieve.

MÁS COSAS ESENCIALES

Cincel de acero templado Úsalo con un martillo para arrancar las baldosas rotas o para quitarlas completamente.

Raspador de baldosas/raspador de cemento Esta herramienta manual tiene una hoja muy dura y abrasiva, y es lo suficientemente fuerte para raspar baldosa y quitar cemento viejo facilmente.

Esparcidor dentado Herramienta de plástico dentada, por lo que esparce el adhesivo uniformemente.

Troquelador de cemento Esta herramienta se parece un poco a un lápiz y se usa para hacer una ranura limpia en el cemento entre las baldosas – muy profesional.

Sierra de baldosas Se ve un poco como la sierra alternativa para metales, pero tiene una hoja gruesa redondeada que permite cortar formas curvas en baldosas cerámicas.

MISCELÁNEA

Además del equipo ya mostrado, aquí hay otras cosas que puedes necesitar para pegar, rellenar, pulir y para protegerte a ti misma, así como algunas cosas en caso de emergencia. No necesitas tener todo al mismo tiempo – sólo como y cuando el trabajo lo requiera – pero pronto te preguntarás cómo te las arreglabas sin tu leal caja de herramientas.

BÁSICO

¡SI TE GUSTA QUE SEA DURO!

* VÍSTETE SIEMPRE SEGÚN LA OCASIÓN...! VOY A SALIR PARA TOMAR UNAS COPAS Y PARA CENAR!

Papel de lija

El papel de lija lo encuentras en varios grados, de fino a grueso. Puedes comprar surtidos en paquetes para que los pruebes en la mayoría de los trabajos de carpintería. Usa el papel de lija mojado y seco para lijar metal. Las almohadillas de lijado flexibles son útiles para lijar superficies con contornos. Enjuaga la almohadilla con agua cuando se ponga sucia de polvo. Cuando lijes superficies planas, envuelve un pedazo de lija alrededor de un bloque de corcho.

ARTÍCULOS BÁSICOS DE SEGURIDAD

Por desgracia están diseñados solamente para garantizar tu seguridad, no pensando en el estilo ni en la comodidad

Guantes protectores Úsalos cuando manejes cualquier cosa que sea cáustica, filosa, abrasiva o indeleble.

Mascarilla antipolvo Es vital ponértela cuando estás haciendo cualquier cosa que tenga que ver con el polvo, como lijar, y cuando uses pintura en spray para evitar inhalar algo peligroso o cancerígeno. Comprueba el paquete: algunas mascarillas están diseñadas para proteger del polvo en general y otras para proteger de materiales más peligrosos tales como las tablas de madera comprimida.

Gafas de protección Aunque no sean particularmente cómodas, y ciertamente no son muy *chics*, las gafas de seguridad son artículos básicos de protección para ciertos trabajos de bricolaje. Usa siempre las gafas cuando cortes o sierres la mayoría de los materiales, especialmente cerámica, azulejos pulidos y objetos de metal. Las gafas de seguridad evitarán que te salten partículas filosas a los ojos y los protegerá de cualquier polvo irritante.

Relleno fino

Relleno de decoración

Relleno de madera

Masillas de relleno

Elige una masilla de relleno adecuada para la superficie, puede ser relleno fino o relleno de decoración para muros o relleno de madera. La masilla para madera esta disponible en diferentes colores para igualar el tipo de madera que va a ser rellenada.

Fusibles

Repuestos

Mantén todos tus repuestos en un lugar accesible y seguro de tal forma que los puedas localizar fácilmente cuando la ocasión se presente: fusibles, bombillas y pilas de repuesto y cosas similares.

CAJA DE HERRAMIENTAS

La caja de herramientas no es absolutamente necesaria, pero en mi opinión es mucho mejor tener todas tus herrammientas y piezas en un solo lugar – ahorra tiempo y energía cuando un trabajo de bricolaje se presenta. Yo tengo una metálica de color rojo, que se abre para mostrar compartimentos en los cuales se almacenan separadamente objetos de diferentes tamaños. Hace muchos años cuando comencé mi colección, mi caja de herramientas era un ejemplar más bien vacío – claro que hoy rebosa todo tipo de herramientas necesarias. Sea como sea, una caja de herramientas demasiado grande y pesada no es nada práctica – una caja de herramientas manual ya no es tan manual si necesita de ti y de un amigo para levantarla. Yo sugiero que tengas lo esencial en una caja portátil, y otros objetos más grandes, pesados y especializados en otro lugar.

Maquillaje

Para los retoques indispensables después de una dura sesión de bricolaje.

Cintas adhesivas

Usa cintas adhesivas cuando necesites proteger trabajos de madera o los cristales de la ventana cuando pintes. Las cintas resistentes de ambos lados adherentes sirven para pegar las alfombras al piso y cosas así.

¡PIENSA EN ÉL COMO SI FUERA UN GRAN BOLSO METÁLICO!

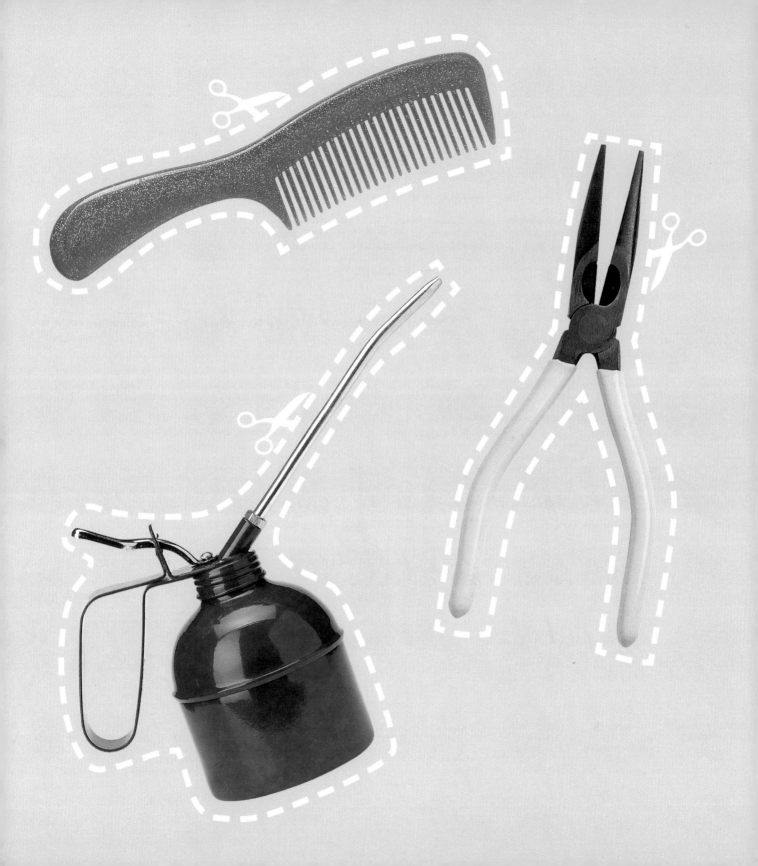

REPARACIONES

Todos los arreglos específicos que necesitas

hacer en toda la casa, desde cambiar

un enchufe hasta desatascar el desagüe.

Arreglos específicos

MUCHOS DE ESTOS trabajos son pequeños pero fastidiosos trabajos que lenta pero certeramente se vuelven muy irritantes. La mayoría de estos se pueden resolver fácil y rápidamente – todo lo que se necesita es un poco de motivación y saber cómo hacerlo. Cuando resuelvas el problema y el fallo sea arreglado (lo que seguramente llevará una pequeña parte del tiempo que pasaste quejándote de él) date una palmadita en la espalda toda llena de orgullo, ¡pregúntate por qué no lo habías hecho siglos antes! Ya sea para cambiar un enchufe, cerrar una corriente de aire, cambiar la cerradura o evitar que la madera del suelo o las bisagras de la puerta rechinen, encontrarás información aquí para ayudarte a resolver tus problemas con los arreglos específicos. Y te sorprenderá lo sencillos que son la mayoría de ellos.

CÓMO EVITAR QUE SALTEN CHISPAZOS ¡ZAS!

La electricidad es una de esas cosas que es mejor dejarla para profesionales. Pero cambiar un enchufe es bastante simple y probablemente es mejor no llamar al electricista para que lo haga por ti. Recuerda que la electricidad puede ser muy peligrosa, así que es esencial que tomes todas las precauciones para protegerte y proteger a los otros cuando trates con cualquier trabajo que tenga que ver con electricidad (ver los cuadros del otro lado).

✻ ¡SI TIENES CUALQUIER DUDA EN RELACIÓN CON ALGUNA REPARACIÓN ELÉCTRICA, LLAMA A UN PROFESIONAL!

PLANO DE LA INSTALACIÓN ELÉCTRICA

La corriente eléctrica y los colores de la instalación eléctrica varían en todo el mundo, así que dependiendo del lugar donde vivas tu enchufe puede verse diferente. Tal vez tengas que fijarte un poco para relacionar los dibujos de abajo con el enchufe que tienes en la mano. Con todo, en la página siguiente se te explican los pasos básicos más generales para cambiar un enchufe.

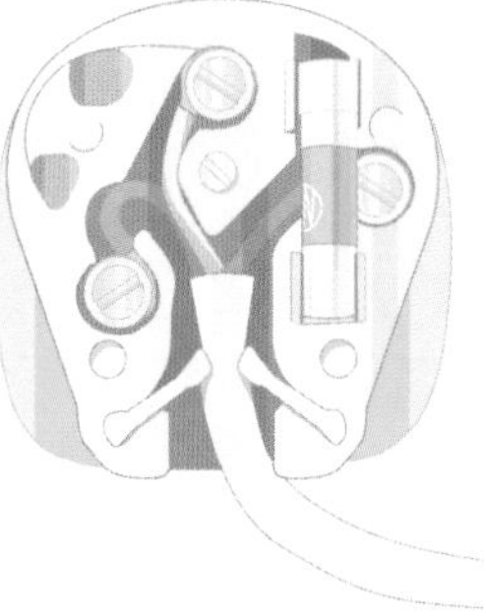

Enchufe de terminal con gancho (Reino Unido)

- ✻ **TIERRA** – verde y amarillo
- ✻ **NEUTRAL** – azul
- ✻ **CON CORRIENTE** – café

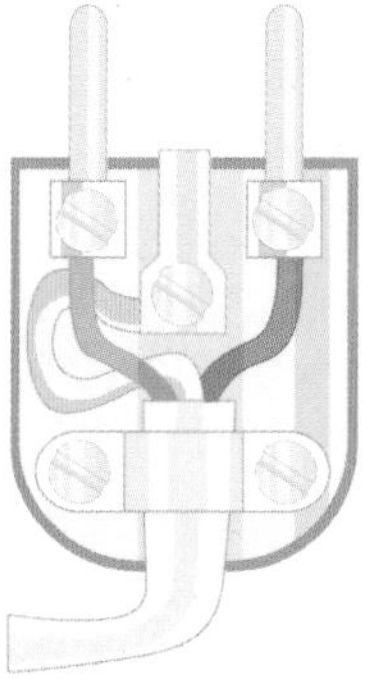

Enchufe de terminal con gancho (Europa)

- ✻ **TIERRA** – verde y amarillo
- ✻ **NEUTRAL** – azul
- ✻ **CON CORRIENTE** – café

Enchufe de tierra (EEUU)

- ✻ **TIERRA** – verde o alambre de cobre descubierto
- ✻ **NEUTRAL** – blanco
- ✻ **CON CORRIENTE** – negro

CAMBIAR UN ENCHUFE

La mayoría de los aparatos nuevos tienen los enchufes integrados, pero puede presentarse el caso en que necesites cambiar un enchufe viejo o roto, o tal vez uno con el que muchas veces has sido un poco brusca, lo que ha ocasionado que el cable se gaste o el alambre se salga del enchufe. Cuando tu economía no te permita tirar lo viejo y reemplazarlo por algo nuevo, es tiempo de reparar...

1 Primero necesitas quitar el tornillo que cierra el enchufe viejo y luego abrir las dos mitades. Ahora, echa un vistazo dentro y ve si puedes encontrar cualquier similitud con los dibujos de la página anterior – contrasta y compara. ¿Está marcado como el tuyo? ¡Perfecto! Si el enchufe está integrado al cable, sólo corta el cable cerca del enchufe y luego retira el enchufe viejo con mucho cuidado.

necesitas
* cortador de alambre
* enchufe nuevo
* navaja stanley
* destornilladores pequeños: con cabeza de cruz y con cabeza plana

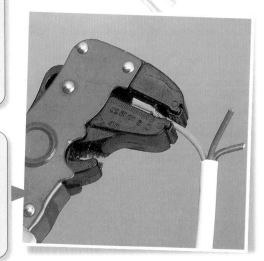

2 Con el cortador de alambres, quita con cuidado alrededor de 5 cm de la cubierta exterior y separa los alambres. El enchufe nuevo generalmente viene con un dibujo para indicar cuánto tienes que cortar cada alambre. Si tu enchufe requiere un fusible, verifica si tiene el correcto : 3-amp (rojo) fusible para aparatos que se clasifican debajo de los 700 watts y un 13-amp (café) fusible para los que se clasifican entre los 720 y 3000 watts. El alambre de tierra es normalmente más largo que el neutral y que el alambre con corriente para facilitar colocarlo dentro de las terminales.

3 Corta alrededor de 12-15 mm de cada uno de los tres alambres internos (conductores). Retuerce los filamentos de cada uno con el pulgar y el índice, para hacer los extremos bien definidos. Afloja el tornillo grande para quitar la cubierta del enchufe nuevo. Coloca el cable dentro del enchufe abierto; nuestro ejemplo tiene un cable con remache sujeto para evitar que el cable se salga del enchufe.

PRECAUCIONES

☞ Desconecta la electricidad antes de inspeccionar cualquier enchufe o instalación. Verifica dos veces que la electricidad esté desconectada conectando un aparato.

☞ Siempre desconecta primero el aparato antes de intentar cualquier reparación.

☞ Revisa enchufes y cables regularmente y cambia o repara los cables gastados y los enchufes rotos o dañados. Asegúrate de que los cables estén lejos de las fuentes de calor tales como hornos y fuegos.

☞ Nunca uses un fusible más resistente que el aparato.

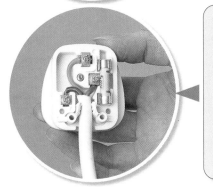

4 La mayoría de los enchufes tienen terminales en las cuales el alambre está asegurado fuertemente al agujero superior por un tornillo de apriete pequeño. Necesitas replegar las terminaciones de los filamentos retorciéndolos sobre sí mismos, aflojar el tornillo de sujeción y luego insertar el alambre. Aprieta el tornillo y luego tira un poco de él con suavidad para asegurarte de que esté bien sujeto. Otro tipo de enchufes tienen terminales de sujeción; sólo tienes que envolver el alambre retorcido alrededor del agarre en el sentido de las manecillas del reloj, luego atornilla en la sujeción para asegurar.

Puertas problemáticas y cómo arreglarlas

ARREGLAR UNA PUERTA ATASCADA

Puedes notar que ocasionalmente la puerta de madera de tu casa se queda pegada o atascada al marco. Es más frecuente que sea por causa de cambios climáticos como humedad en la atmósfera que por otra cosa. Lo más probable es que la madera haya absorbido el exceso de humedad y por eso se haya agrandado, lo que ha ocasionado el problema. Y si has cambiado el material del revestimiento del piso (o cambiado la alfombra vieja por una nueva y más mullida), tal vez sea necesario que raspes un poco la parte de abajo de la puerta para que cierre bien.

1 Primero revisa la puerta para encontrar dónde está el problema. Si lo que necesita es que se le alise un lado, usa la rebajadora surform para raspar la parte de la puerta en la que se atora y reducirla al tamaño adecuado. Vuelve a barnizar o pintar la madera raspada. Si la puerta necesita ser raspada en la parte de arriba o en el borde de abajo, vas a tener que quitarla para hacerlo, y luego recolocarla (ver páginas 96-97).

2 Para mantener la puerta asegurada mientras la raspas, sujétala firmemente entre tus piernas de manera que mantenga fija.

✱ ¡HUM!, FUERTE Y SILENCIOSA, MI TIPO DE PUERTA

ARREGLAR UNA PUERTA QUE RECHINA

Al principio puede que no te preocupe una puerta que rechina, pero después de un tiempo el ruido puede volverse realmente molesto. El ruido suele producirse porque a las bisagras les falta lubricación. Un remedio simple: vierte unas gotas de aceite en cada bisagra. Usa un tipo de aceite ligero multiusos – del que pones a las bicicletas – y la bisagra ya lubricada se moverá sin ruido.

¿TIENES UN EMBARAZOSO PROBLEMA CON EL VIENTO?

BUZÓN CON CORRIENTES DE AIRE

Si tu buzón tiende a sacudirse con el viento dejando entrar más que el correo de la mañana, puedes arreglarla juntando el exclusor de la caja al interior de la puerta para cubrir completamente la abertura. Esta es un marco rectangular de plástico o de metal que rodea el buzón y que tiene cerdas en el centro, así que de esta manera el cartero ya puede hacer su trabajo mientras el viento frío de invierno se mantiene fuera.

HACER UNA PUERTA A PRUEBA DE CORRIENTES DE AIRE

Este es un problema del que estoy segura que tú todas habréis sufrido. La causa más común de las puertas con corrientes de aire es porque has quitado la alfombra vieja para disfrutar de la apariencia natural de los tablones de madera del piso. El pedazo pequeño que se queda en la parte de abajo de la puerta después de quitar la alfombra es suficiente para dejar que los vendavales pasen. Si no quieres comprar una puerta nueva para la entrada de la casa, la mejor cosa que puedes hacer es poner una tira de cinta aislante. Así como en la parte de abajo, tal vez también quieras cubrir con la cinta aislante la parte superior y los lados del marco de la puerta.

necesitas

- banda eliminadora de viento
- tira de cinta aislante
- sierra para metales junior
- destornillador

1 Para los lados y la parte superior de la puerta, necesitas un rollo de cinta aislante para la corriente. Corta tres pedazos para poner alrededor de la puerta, despega el papel protector para descubrir el lado con pegamento de la cinta, luego presiona firmemente sobre la parte rebajada de la puerta. La puerta debe comprimir la raya de espuma cuando se cierra, creando un sello para la corriente que no entorpece el movimiento de la puerta. Para que no te enredes con metros y metros de cinta pegajosa, quita el papel protector de la cinta en el momento en que lo juntes al marco.

CONSEJO
Puedes también usar la cinta de espuma adhesiva para aislar las ventanas.

2 Las cintas rígidas que eliminan el aire son básicamente cintas rectas de metal o plástico con una hilera de cerdas a lo largo del borde inferior. Mide el ancho de la puerta y corta la banda para ajustar usando tu sierra transversal. La tira tiene agujeros de tornillo pretaladrados a intervalos a todo lo largo; corta en cada extremo si es necesario para ajustar a la medida correcta y para asegurar que haya un agujero para los tornillos cerca de cada extremo.

3 Atornilla la cinta a lo largo de la parte inferior del borde de la puerta. Las cerdas al pasar sólo deben rozar el suelo para no dejar pasar el viento, pero no para interferir con el abrir y cerrar de la puerta. Junta la cinta a la puerta por un extremo y luego ajusta la posición en el otro extremo. Puede que el borde bajo de la puerta no esté nivelado al suelo, por lo que debas ajustarlo.

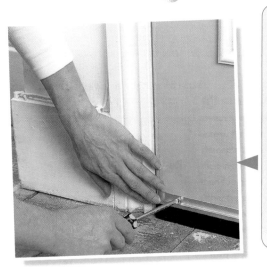

✳ EN MIS TIEMPOS, LAS CHICAS HACÍAN ADORABLES AISLANTES EN LAS CLASES DE CORTE Y CONFECCIÓN

Chicas en casas de cristal —
o cómo arreglar una ventana rota

REEMPLAZAR UN CRISTAL ROTO

Tu ventana ahora se ha roto por causa de una pelota perdida de fútbol o algo así. Si es una ventana grande – esto es, más larga que el largo de tu brazo, entonces sería mejor que le pidas al vidriero que la arregle. Si es una ventana pequeña, entonces es sorprendentemente simple reemplazar el cristal.

* AHORA PUEDO VERLO CLARO... LOS GUANTES ROSAS DE GAMUZA RESULTAN DE GRAN AYUDA

CONSEJO

Usa siempre las gafas de protección, también guantes gruesos de seguridad para que ningún fragmento de vidrio te corte.

1 Primero quita el cristal roto. Pon todos los fragmentos en una caja de cartón y después con cuidado afloja las piezas que continúan pegadas al marco hasta que salgan. Si tu ventana es pequeña, puedes quitar la ventana y hacer el trabajo sobre la mesa. Si no, tendrás que hacerlo con el marco en su lugar.

2 Con el martillo ligero (o el de mazo de madera) y el cincel, quita cuidadosamente toda la masilla vieja que esté alrededor del marco. Sujeta el cincel angulado al marco de la ventana, luego martillea el mango con fuerza con un extremo del martillo o con el mazo de madera. Ahora tómate tu tiempo en quitar toda la masilla vieja para limpiar perfectamente el vano para el nuevo cristal. Cuida mucho de no dañar la madera del marco con el cincel.

3 Cuando estés cincelando, inevitablemente te vas a encontrar con algunas astillas de cristal, son los clavos pequeños que sujetan el cristal al marco mientras la masilla seca. Usa las pinzas para quitar cada astilla cuando las veas, no intentes sacarlas con el cincel.

necesitas

* vidro cortado a medida
* guantes y gafas de protección
* martillo o un mazo de madera cincel y pinzas
* masilla y espátula para masilla
* clavos de cristal
*

4 Pon un poco de masilla en tu mano (puedes quitarte los guantes de protección para hacer esto) y amásala hasta hacer una masilla suave. Aprieta con fuerza la masilla dentro del vano alrededor de todo el marco de la ventana.

5 Coloca el cristal nuevo con cuidado, presionando la masilla en cada parte alrededor del marco. Luego martillea con calma los clavos de cristal de 25 cm por todo del marco. No golpees el cristal demasiado fuerte.

6 Mete un poco más de masilla ablandada y presiónala contra el borde del cristal. Esto también deberá cubrir los clavos de cristal. Usa una espátula para masilla para raspar lo que sobra y para hacer un acabado liso por dentro y por fuera.

PRECAUCIONES

El cristal puede resultar bastante impredecible; puede romperse o hacerse pedazos si accidentalmente se golpea o lo martilleas. Asegúrate de poner el cristal nuevo en un lugar seguro mientras haces los trabajos preliminares para colocarlo.

☞ Siempre que estés quitando o manejando pedazos de cristal usa los guantes y gafas de protección.

☞ Asegúrate de usar calzado resistente cuando estés manejando el cristal, para evitar resbalones.

☞ Cuando compres el cristal, dile al cristalero para qué lo necesitas. Él se asegurará de darte el tipo y el grosor correcto.

Mantén tu casa sana y salva

INSTALAR LA ALARMA DE INCENDIOS

6

El riesgo de fuego dentro de tu casa puede ser fácilmente evitado tomando las precauciones apropiadas y con un adecuado detector de humo. Estos potenciales salvadores de vida funcionan a pilas. Las alarmas contra incendios son unidades autocontenedoras cuya función es detectar la presencia de humo o gases tóxicos. Funciona emitiendo un ruido que te perfora el oído alertándote del peligro de fuego, lo que te permite abandonar la casa a tiempo.

¿EN QUÉ LUGAR ES MEJOR PONERLO?

Bueno, no en la cocina o el baño, o cerca del calentador o del ventilador, porque el calor y el humo pueden activar la alarma. Lo ideal sería en el techo y al menos a 30 cm lejos de cualquier accesorio de luz. Si tu casa es de un sólo piso instala el detector en el vestíbulo y el área de la sala. Si tienes dos pisos, pon uno al pie de las escaleras y otro sobre el rellano de las escaleras de arriba.

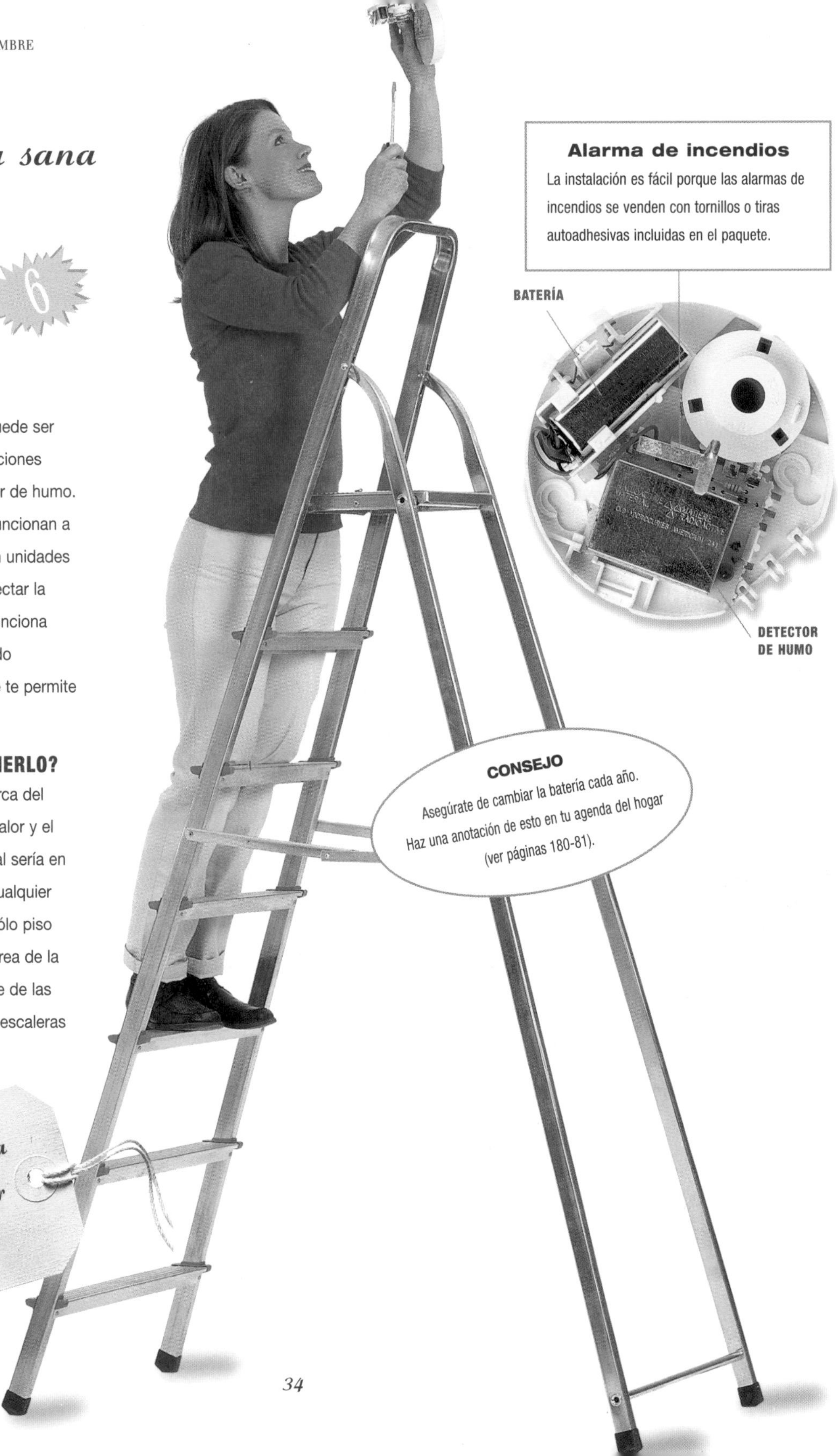

¡Recuerda que tu lijadora también puede desactivar tu alarma de humo!

Alarma de incendios

La instalación es fácil porque las alarmas de incendios se venden con tornillos o tiras autoadhesivas incluidas en el paquete.

BATERÍA

DETECTOR DE HUMO

CONSEJO

Asegúrate de cambiar la batería cada año. Haz una anotación de esto en tu agenda del hogar (ver páginas 180-81).

INSTALAR UNA MIRILLA

Si quieres ver quién está del otro lado de la puerta antes de dejarlo entrar, necesitas una mirilla. Son simples de poner y no se empañan. Monta siempre la mirilla en la parte más gruesa de la parte central de la puerta. Elige la posición de la mirilla a la altura adecuada para tu ojo. Primero marca el lugar donde lo vas a poner, luego taladra un agujero piloto como guía para el agujero más grande. Usa una broca plana para taladrar el agujero con el diámetro correcto. Inserta las lentes enroscables dentro del agujero desde afuera, luego inserta el collar desde dentro. Atorníllalos asegurándolos poniéndo la ficha en la ranura.

Mirilla
¡Te puedo ver! La mirilla te ayuda a identificar al que llama a tu puerta sin necesidad de abrirla.

LENTES
COLLAR
LENTES ENROSCABLES

necesitas
* mirilla
* lápiz
* taladro, broca pequeña, broca plana del tamaño adecuado

COLOCAR LAS CERRADURAS DE LA VENTANA

Las cerraduras de la ventana son otro artículo para la seguridad del hogar que puedes instalar fácilmente tú misma. Hay numeroso tipos para elegir.

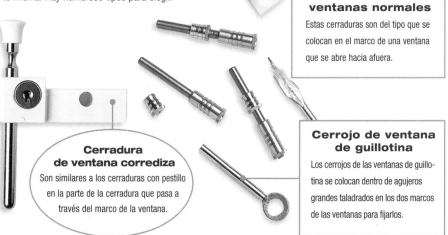

Cerraduras de ventanas normales
Estas cerraduras son del tipo que se colocan en el marco de una ventana que se abre hacia afuera.

Cerradura de ventana corrediza
Son similares a los cerraduras con pestillo en la parte de la cerradura que pasa a través del marco de la ventana.

Cerrojo de ventana de guillotina
Los cerrojos de las ventanas de guillotina se colocan dentro de agujeros grandes taladrados en los dos marcos de las ventanas para fijarlos.

DÓNDE INSTALAR LA CERRADURA DE LA VENTANA

VENTANAS DE GUILLOTINA

Las ventanas de guillotina están hechas de madera y tienen dos guillotinas de vidrio que se deslizan una contra otra en un plano vertical. Asegurar las ventanas de guillotina requiere mecanismos que fijen una superficie a la otra para evitar que sean abiertas fácilmente desde afuera o en caso de que la ventana esté estropeada. La cerradura de la ventana debería estar puesta entre ambos extremos del marco horizontal central cuando sea una ventana de guillotina grande y en el centro del marco cuando sea una ventana más pequeña.

VENTANAS NORMALES

Las ventanas normales están hechas con una amplia gama de materiales y estilos. Tienen un cristal fijo junto con uno o dos cristales con bisagras. El marco del panel con la bisagra debe ser asegurado al marco fijo de la ventana.

El hogar de una chica es su fortaleza

PONER LA CADENA DE LA PUERTA

9

Para dejar fuera a los hombres que no quieres en tu vida

Este trabajo sólo llevará algunos minutos de tu tiempo pero con toda seguridad proporcionará una sensación de seguridad a tu casa. Asegúrate de que los tornillos que uses no sean menores a 30 mm de largo.

1 Primero decide la posición de la cadena. Lo siguiente es poner la chapa sobre la puerta y marcar los agujeros para los tornillos con un lápiz. Luego haz un agujero piloto con el punzón y atornilla la chapa dentro de su lugar.

2 La parte de la cadena se junta al marco de la puerta opuesto al de la chapa. Si hay molduras alrededor del marco tendrás que marcar, luego cincelar para crear una hendidura pequeña de tal forma que la lámina de la chapa encaje y quede plana. Sujeta el cincel un poco angulado al marco, luego martillea el mango con un extremo del martillo para hacer cortes en la madera alrededor del borde del área marcada. Luego haz cortes más profundos para quitar la parte de madera y hacer una ranura bien clara. Recuerda trabajar despacio y quitar pedazos pequeños cada vez – ¡si es necesario quitar más después lo puedes hacer pero no puedes ponerlos de nuevo!

COLOCAR UN CERROJO

10

La instalación principal es parecida a la de la cadena de la puerta, pero ésta necesita ser un poco más precisa para que las dos partes del cerrojo queden exactamente juntas. Cerrojos resistentes como estos pueden ser puestos en la parte superior e inferior de una puerta exterior para proporcionar más seguridad.

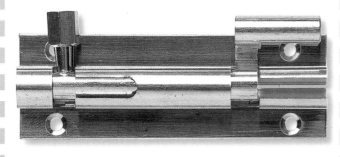

3 Atornilla la cadena de seguridad al marco de tu puerta.

necesitas

* cadena de puerta
* tornillos para instalar (normalmente vienen con el estuche)
* lápiz
* punzón
* martillo
* destornilladores
* cincel

PONER UNA CERRADURA CON MORTAJA

La mayoría de las puertas exteriores, especialmente la puerta de entrada, tiene al menos una cerradura, normalmente una cerradura cilíndrica (del tipo que cerraría automáticamente cuando la puerta se cierra), pero es una buena idea instalar una cerradura con mortaja extra para dar más seguridad. Además, si te has cambiado de casa, querrás cambiar las cerraduras sólo para estar más tranquila. Entonces puedes quitar la vieja y luego fácilmente adecuar la hendidura ya hecha para poner la nueva.

PLACA FRONTAL

CERRADURA

CUERPO DE LA CERRADURA

PONER LA CERRADURA

HAZLO CON CALMA

En general es aconsejable poner la cerradura aproximadamente a un tercio del largo de la puerta de abajo hacia arriba en la parte sólida de la puerta.

necesitas

* cerradura nueva
* lápiz y punzón
* taladro con broca
* cilindro
* martillo
* sierra de almhoadilla
* destornillador

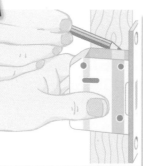

1 Pon la cerradura en el borde de la puerta en la posición deseada y con un lápiz marca con líneas el tamaño exacto de la mortaja. Marca el centro exacto de la puerta verticalmente entre las primeras dos líneas marcadas.

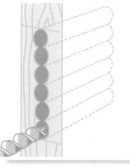

2 Usando el taladro con una broca que sea del diámetro de la anchura de la cerradura, taladra una serie de agujeros muy juntos unos de otros a lo largo de la línea central que marcaste. Esto proporcionará la hendidura para la mortaja.

3 Desbasta los agujeros dentro de un rectángulo irregular, luego cincela con más cuidado para hacer una hendidura bien definida para el cuerpo de la cerradura. Después cincela una hendidura más amplia y baja a unos milímetros más abajo de la lámina de la cerradura.

4 Usa la nueva cerradura como guía para marcar la posición del agujero de la llave con el punzón. Taladra el agujero y córtalo en una forma más definida con la sierra de almhoadilla. Inserta la cerradura nueva dentro de la ranura, luego atorníllala en su lugar.

5 Con el pestillo que sale, cierra la puerta y marca la posición de la chapa de la cerradura sobre el marco de la puerta. Taladra y desbasta una hendidura para la caja del cerrojo, luego otra poco profunda para la chapa de la cerradura. Atornilla todo en su lugar.

6 Ahora revisa que la cerradura nueva funcione adecuadamente y que la puerta se abra y se cierre fácilmente. Para terminar, atornilla una placa decorativa sobre el agujero de la llave en ambos lados de la puerta.

¿Con problemas en tu instalación de suministro de agua?

FÍJATE EN ESTE DIBUJO ANTES DE DESMONTAR TU GRIFO

FONTANERÍA ETC.

Cualquier parte de tu instalación sanitaria que tenga partes desmontables estará sometida con el tiempo a algún tipo de desgaste. La acumulación de cal es realmente una molestia; los tapones de goma necesitarán reemplazarse alguna vez y el retrete necesitará un cierto mantenimiento a lo largo del tiempo para asegurar su funcionamiento ¡siempre! Las partes sueltas para la reparación de la instalación sanitaria son normalmente baratas, por lo que al arreglarlas tú misma puedes ahorrar dinero.

GOTERAS, GOTERAS, GOTERAS

El constante goteo puede ser una enorme fuente de incomodidad. Si el agua se sale del caño, entonces lo más común es que sea resultado de una zapata gastada, vieja o defectuosa. Puedes arreglar fácilmente esto con sólo un destornillador y una tenazas (y una nueva zapata, por supuesto). Échale un vistazo a tus grifos puesto que existe una variedad de estilos que oscilan entre el tradicional tubo de grifo hasta el más moderno grifo de mango.

✳ ¡ADORO MI PATITO DE GOMA, PERO UNA ZAPATA ES MÁS ÚTIL!

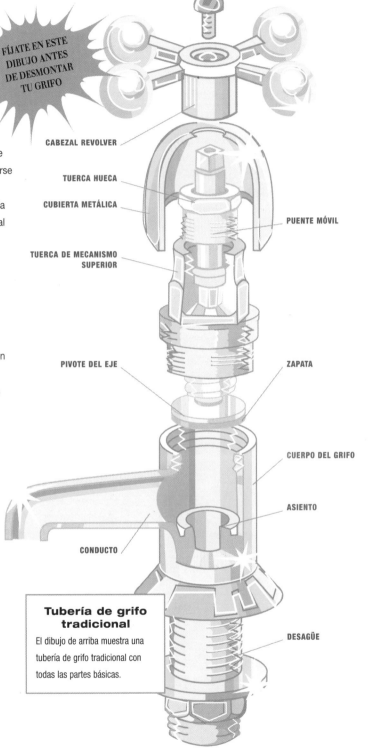

CABEZAL REVOLVER

TUERCA HUECA

CUBIERTA METÁLICA

PUENTE MÓVIL

TUERCA DE MECANISMO SUPERIOR

PIVOTE DEL EJE

ZAPATA

CUERPO DEL GRIFO

ASIENTO

CONDUCTO

DESAGÜE

Tubería de grifo tradicional

El dibujo de arriba muestra una tubería de grifo tradicional con todas las partes básicas.

CAMBIAR EL GRIFO DEL LAVABO

Un destornillador, una llave de tuerca o llave inglesa y un lavabo nuevo es todo lo que se necesita para este trabajo.

CAMBIAR EL GRIFO POR UNO MODERNO DE CABEZA CUBIERTA

Los grifos modernos tienen la cabeza y la cubierta juntas en una sola pieza, los cuales actúan como manillas para abrir y cerrar. Esta se les tiene que quitar primero para exponer la tuerca de mecanismo. La mayoría de las cubiertas están sujetas con un solo tornillo que es bastante simple de abrir, mientras otras no tienen tornillo y pueden ser sacadas por la cabeza, lo cual es aún más simple. Si el agua se sale por la cabeza del grifo (el palo al que le das vuelta) entonces el anillo «O» puede necesitar ser reemplazado. Cierra el suministro de agua y con cuidado desmonta el grifo. Quita el anillo de goma «O» y reemplázalo por uno nuevo.

necesitas
* **llave de tuerca ajustable**
* **destornillador**
* **grifo nuevo**

① Primero corta el abastecimiento de agua. Quita el mango del grifo haciendo palanca hacia afuera en el indicador de la temperatura del agua para descubrir el tornillo de dentro.

② Suelta el tornillo y quita la cubierta para mostrar la cabeza de la tuerca. La cubierta que forma la manija se deslizará hacia afuera fácilmente, exponiendo la parte superior de la cabeza de cobre de la tuerca.

③ Usa una llave de tuerca ajustable o una llave inglesa adaptada apropiadamente para quitar la cabeza del cuerpo del grifo. La zapata está colocada en la base de la cabeza. Puede estar unido al pivote del eje o tal vez colocado dentro del cuerpo del mismo grifo. Si está pegada al pivote este estará presionado contra un pequeño botón en el centro.

④ Sólo haz palanca hacia afuera en la zapata vieja con una navaja o un destornillador y reemplázalo por uno nuevo del mismo tamaño. (Lleva el viejo a la ferretería y compra uno que sea igual).

Y

LA TUBERÍA DEL GRIFO

Quita la cubierta para descubrir la tuerca de mecanismo superior. Desatornilla y quita la cabeza de la tuerca usando una llave de tuerca, luego quita el ensamblaje. La zapata está colocada en la base del ensamblaje unida al pivote. Haz palanca hacia afuera para quitar el grifo viejo usando una navaja o un destornillador y luego coloca el nuevo.

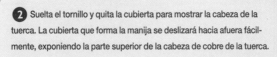

ANILLO «O»   CABEZA

ZAPATA

Problemas del retrete y avatares del corcho de la cisterna

CAMBIAR EL ASIENTO DEL RETRETE

El asiento del retrete es una cosa muy personal. Cuando te mudas a una casa o piso nuevo, es, probablemente, una de las primeras cosas que vas a querer arreglar o cambiar. Este es un procedimiento bastante simple que te hará verdaderamente feliz. Hay una amplia selección de extraños y simpáticos asientos de retrete ahora disponibles, ¡así que elige uno para tu baño o tradicional o maravillosamente salvaje!

1 Primero coloca el tornillo del asiento debajo del retrete en la parte de atrás de la taza. Desatornilla y luego quita los cerrojos y el asiento viejo.

2 Tu adorable asiento de retrete nuevo vendrá indudablemente con instrucciones de instalación. Sólo inserta los cerrojos como se indica y cierra o atornilla sobre el asiento nuevo. A esta altura es importante hacer «el test de conducción» a tu nuevo asiento, sólo para asegurar que no se bambolee y que está en la posición correcta.

3 Ahora retrocede y admira tu maravilloso «trono» nuevo.

¡Asientos de retrete así de glamurosos nunca quedarán levantados!

❋ ¡LA TAPA DE LA TAZA DE BAÑO DICE TANTO DE TI COMO TU PERFUME!

REPARAR O AJUSTAR EL CORCHO DE LA CISTERNA

14

La mayoría de los retretes tienen una cisterna de acción directa. El movimiento del corcho de la cisterna (o flotador) abre y cierra la válvula dejando entrar agua dentro. Cuando se tira de la cadena del baño, se vacía de agua, el corcho de la cisterna cae y la válvula se abre, la cisterna se abre levantando el corcho hasta el nivel regulado del agua. Cuando se alcanza el nivel correcto, la válvula se cierra y el abastecedor de agua para. Algunas veces el brazo flotador necesita ser ajustado para conseguir el nivel de agua óptimo de la cisterna. Inclina un poco hacia abajo el brazo flotador para reducir la toma de agua o aprieta un poco para aumentarla. A la bola de flotación tiene un tornillo ajustable con una contratuerca. Suelta la contratuerca y atornilla el ajustador cerca de la válvula para disminuir el nivel de agua y lejos de la válvula para aumentar el nivel.

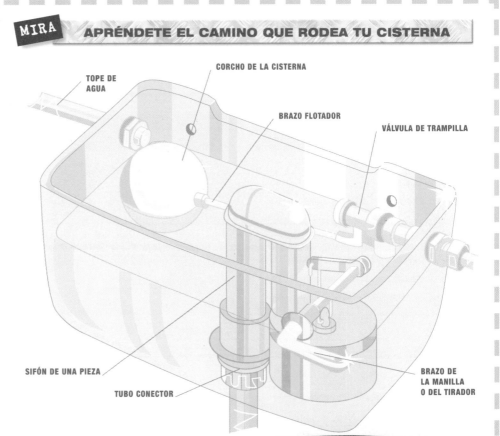

MIRA APRÉNDETE EL CAMINO QUE RODEA TU CISTERNA

TOPE DE AGUA

CORCHO DE LA CISTERNA

BRAZO FLOTADOR

VÁLVULA DE TRAMPILLA

SIFÓN DE UNA PIEZA

TUBO CONECTOR

BRAZO DE LA MANILLA O DEL TIRADOR

DESATASCAR LA TAZA DE BAÑO

15

Una taza de baño atascada es una cosa muy desagradable. De cualquier modo, aquí hay algunas cosas que puedes hacer fácilmente para arreglar tú misma del problema. Si el agua se sale o se va muy lentamente cuando tiras de la cisterna, esto significa que hay una obstrucción en la escotilla. En este caso necesitas quitar lo que atasca. Consigue un desatascador grande de una tienda de alquiler – esta se parece a un desatascador de lavabo pero es mucho más grande. Pon la parte estrecha del desatascador hasta al fondo dentro de la parte curva de la base del retrete, aprieta el mango firmemente y bombea con fuerza varias veces. Eventualmente la obstrucción pasará y el nivel del agua bajará hasta llegar a lo normal.

Si esto no funciona, podría significar que la escotilla está bloqueada por algo sólido. Entonces necesitas alquilar una barrena del wáter, que es una vara flexible especialmente diseñada con un manubrio en un extremo. Coloca la parte flexible dentro de la escotilla, luego acciona la manivela. Esto debería desalojar la obstrucción y resolver el problema.

RECUERDA
Desinfecta las varas y los desatascadores antes de devolverlos a la tienda de alquiler.

Cisternas atascadas y baños con goteras

REPARAR LA CISTERNA DEL BAÑO

16

Un baño que no tira de la cadena normalmente o requiere un «truco» es tal vez la primera y más incómoda cosa que te pasan cuando te mudas a una casa o piso nuevo. Los inquilinos anteriores probablemente lo usaban de esa manera, pero tú no tienes que hacerlo – ¡sólo sigue los siguientes tres pasos para arreglarlo!

¡FÁCIL!

SIFÓN DE UNA PIEZA

VARILLA DE ALAMBRE

ZAPATA SELLADORA

TUERCA RETENEDORA

VÁLVULA DE TRAMPILLA

DISCO PERFORADO

TUBO CONECTOR

BRAZO DE LA MANILLA

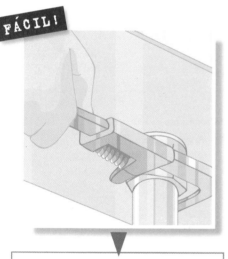

1 Primero verifica el nivel del agua y el mecanismo que tira de la cadena. Si estos funcionan bien, entonces probablemente necesitarás cambiar la válvula de trampilla que deja entrar el agua a la taza del baño. Tira de la cadena y luego paraliza el brazo flotador de tal forma que la cisterna no se llene. Debajo de la cisterna hay una tuerca que sujeta el tirador o manilla. Usa la llave de tuercas para soltar la tuerca.

2 Quita el conector de la manilla y luego empújala a un lado. Quita la tuerca que asegura el sifón al interior de la cisterna. Despega el brazo de la manilla del sifón y saca con cuidado todo el ensamblado de la cisterna. Quita la válvula de trampilla del disco perforado y luego reemplázalo con uno nuevo del mismo tamaño.

3 Pon todo junto de nuevo pero en sentido inverso, desata el brazo flotador y revisa la manilla, si el brazo de la manilla se suelta o no funciona para nada, sólo inspecciona el alambre que lo une al extremo del brazo de la manilla. Aprieta si se suelta o reemplázalo si está roto – puedes hacer uno nuevo con un alambre grueso.

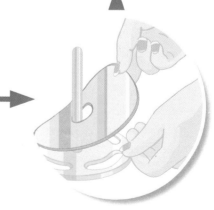

¡NADA COMO UNA VIGOROSA DUCHA PARA ANIMARME DESPUÉS DE UNA TARDE DE BRICOLAJE!

ARREGLAR UN TAPÓN CON FUGAS

Los tapones del lavabo y la bañera no duran para siempre. Con el uso excesivo los tapones se encogen lo que ocasiona que se salga el agua. No hay nada más tranquilo y relajante que un largo baño caliente de espuma (especialmente después de un arduo día de bricolaje), pero no cuando el agua se sale y tienes que estarle poniendo constantemente más agua a la bañera.

Todos las herramientas y piezas requeridas para realizar este tipo trabajo no son caras y están disponibles en cualquier tienda de bricolaje. Puedes comprar un tapón pegado a una cadena si lo prefieres, pero a mi me gusta el que se muestra aquí.

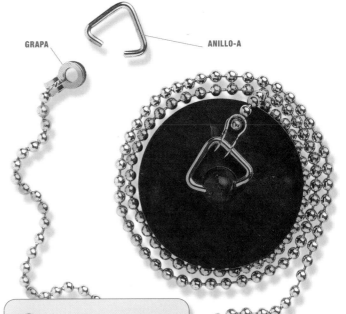

GRAPA   ANILLO-A

❶ Consigue un tapón nuevo de la misma medida que el viejo junto con otros accesorios como los anillos –A y la abrazadera de la cadena del tapón (ve la fotografía). Después, usa unos alicates de naríz larga para unir el tampón nuevo al lavabo o a la bañera. Si olvidaste llevar el tapón usado a la tienda de bricolaje, adquiere uno de medida universal que servirá también, pero el problema es que son fáciles de salir.

❷ Desliza el extremo de la abrazadera dentro de la última bola de la cadena y luego pasa el anillo – A través de los agujeros de la grapa. Luego júntalo al tapón.

❸ Si se ha soltado la cadena del tapón, lo cual sucede con frecuencia, quita sólo la cadena vieja y agrégale una extensión usando los mismos accesorios.

AHORA QUE LOS TAPONES HAN SIDO ARREGLADOS, NO MÁS EN EL BAÑO CON LADS.

ARREGLAR LA DUCHA

Las duchas no son eternas y a menos que tengas la suerte suficiente de estar disponible para instalar una nueva, vas a tener que hacerle un arreglo rápido. La acumulación de cal puede ocasionar problemas dentro de la cabeza de la ducha tapando u obstruyendo las perforaciones de la alcachofa y restringiendo la salida del agua. Además, la corrosión de la cabeza o de la manguera de metal puede hacer que el agua se salga o salpique por todos lados. Desatornilla la cabeza y/o la manguera y descártala. Compra unas nuevas en la tienda de bricolaje y reemplázalas. No es lo mismo que tener una alcachofa de presión nueva, pero por lo menos es un recurso temporal soportable.

Todo sobre la lavadora

LA INSTALACIÓN DE UNA LAVADORA/ /LAVAPLATOS

Yo no podría vivir sin mi lavadora – un sentimiento que creo todas compartimos. Todas las máquinas tienen instrucciones comprensibles para instalarlas y básicamente sólo se requiere un distribuidor de agua caliente y fría. En la parte de atrás de la máquina verás dos mangueras de goma de color, de las cuales la roja es para el agua caliente y la azul para la fría – simple. Necesitas conectar estas mangueras a tu sistema doméstico de fontanería; las válvulas han sido diseñadas especialmente para este propósito. De cualquier manera, la conexión funciona sólo si los tubos de agua están en la posi-ción adecuada. Es decir, si corren detrás o a lo largo de la posición de la máquina. Reorientar el sistema de fontanería es un trabajo para profesionales.

✳ ¡NO CORRAS, EL TRABAJO ESTÁ HECHO!

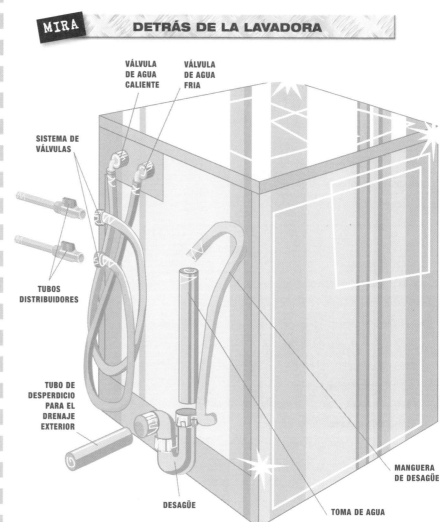

MIRA — DETRÁS DE LA LAVADORA

- VÁLVULA DE AGUA CALIENTE
- VÁLVULA DE AGUA FRIA
- SISTEMA DE VÁLVULAS
- TUBOS DISTRIBUIDORES
- TUBO DE DESPERDICIO PARA EL DRENAJE EXTERIOR
- DESAGÜE
- TOMA DE AGUA
- MANGUERA DE DESAGÜE

¡NO ENTRES EN PÁNICO!

Instalar una lavadora no debería ser un trabajo de *Misión Imposible*! Sólo échale un vistazo al dibujo de arriba. Identifica todas las partes del espagueti de la parte de atrás de la máquina, que te muestra las entradas y salidas esenciales de tu lavadora. Si es posible, trata de poner la máquina cerca de un fregadero – realmente te facilitará la vida, porque tendrías todos las instalaciones de abastecimiento de agua que necesitas y el funcionamiento correcto del drenaje se facilitaría cerca de uno. Los tubos distribuidores de agua caliente y fría están codificados con colores, por lo que no habrá error posible, ¿o lo habrá?

LIMPIAR EL FILTRO DE LA LAVADORA

20

* UNA HORQUILLA ES ÚTIL EN SU LUGAR, PERO NO EN TU LAVADORA.

Si adquieres un artículo para el hogar, es bueno guardar en un lugar seguro la garantía del artículo junto con los manuales de instrucción, de instalación, de uso y de mantenimiento. Estos te informarán sobre el mantenimiento y sobre qué hacer si hay un problema. Algunas máquinas tienen un filtro que elimina todo tipo de pelusa o de hilos sobrantes del agua de lavado. Algunas veces se obstruirán, claro, con cintas de cabello y cosas similares. Así que revisa el filtro regularmente y retira cualquier objeto extraño que esté dentro. El manual te mostrará dónde está y cómo abrirlo. Algunas máquinas no tienen un filtro integrado pero tienen una válvula no retornable en el desagüe. Su función la lleva en el nombre: deja salir el agua pero no regresar de nuevo. Esta también puede obstruirse con hilos sueltos y otras cosas. Resultado: el agua no se sale y se queda dentro de la máquina. Acción: saca el agua, mueve la lavadora y localiza la válvula, desatornilla, desatasca y luego colócalo todo otra vez.

¡QUE NO CUNDA EL PÁNICO!

Si tu lavadora parece no funcionar bien, debes comprobar que los filtros no están atascados. Para ello, empieza desconectando la corriente y cerrando la toma del agua. A continuación, desenrosca las mangueras de entrada de agua caliente y fría de la parte trasera de la lavadora. Allí es donde están localizados los filtros, los cuales están hechos de una malla fina que, de vez en cuando, se puede obturar. Si este es el caso, reemplaza los filtros y enrosca de nuevo las mangueras de entrada del agua. Lo único que debes hacer es procurar apretar bien las roscas de las mangueras con la mano, para evitar toda posible fuga de agua.

* ¡YO YA SÉ QUE ME HA COMPRADO UN PRECIOSO FILTRO NUEVO!

¡ATENCIÓN!

☞ Antes de emprender cualquier arreglo en tu lavadora, por insignificante que sea, asegúrate de que has desconectado la corriente eléctrica que suministra energía al aparato.

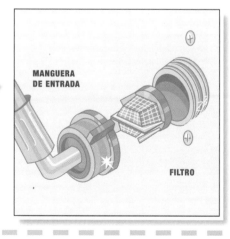

MANGUERA DE ENTRADA

FILTRO

Arreglos para la cocina fáciles y rápidos

CAMBIAR LA DIRECCIÓN DE LA PUERTA DEL FRIGORÍFICO

21

Todos los frigoríficos modernos tienen esta alternativa. Es bastante sencillo y puede facilitar mucho el movimiento en el espacio de tu cocina. Revisa el manual de instrucciones del aparato – cada frigorífico puede ser un poco diferente, pero los principios básicos son los mismos. Quita sólo todos los accesorios de un lado y ponlos en el otro, donde todos los agujeros están ya hechos.

1 Desconecta el frigorífico y aléjalo de la pared con cuidado (o, si es un frigorífico nuevo, cambia la dirección de la puerta antes de instalarlo). Reclínalo hacia atrás con cuidado, de tal manera que puedas ver la bisagra en la parte de abajo de la puerta. Desatornilla el disco de la base y luego quita la puerta.

2 Desatornilla los accesorios de la parte de arriba de la bisagra y ponlos en la misma posición del otro lado – ya estarán perforados los agujeros especialmente para este propósito. Quita los tapones de plástico de los agujeros. Reinstala la puerta del frigorífico y reemplaza los discos de metal de la base.

3 Cuando veas que la puerta está bien puesta y es segura, reúne los tapones de los agujeros que quitaste y ponlos en los agujeros del lado de la puerta original.

CAMBIAR LA BOMBILLA DEL FRIGORÍFICO

22

Los anteriores dueños de mi piso fueron lo suficientemente amables como para dejarme su frigorífico y su congelador, y como yo estaba sin un duro, me sentí aún más agradecida por haberlos recibido. Sin embargo, un día después de mudarme me di cuenta de que no tenían luz dentro – no me preguntes si tuve dificultad en encontrar algo.

Para cambiar una bombilla, sólo localiza su soporte, quita la bombilla, llévala a la tienda de bricolaje, compra una que sea igual y reemplázala. Fácil.

Tuve el mismo problema con mi viejo fogón de gas – los anillos no encendían automáticamente. Con una inspección más detallada descubrí que había una batería en el compartimento de abajo. Todo lo que tuve que hacer fue reemplazar la batería y ahora funciona perfectamente.

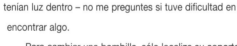

ARREGLAR LAS GUÍAS DE LOS CAJONES

Cajones que se atoran o se salen cuando los abres es suficiente como para tirarse de los pelos. Si esto está sucediendo en tu cocina – ¡mantén la calma! Sólo quita el cajón ofensor y fíjate en las guías para ver cuál es el problema. Lo que normalmente sucede es que los tornillos que sujetan las guías al armazón de los cajones se soltaron por el uso. Esto es bastante común, especialmente si los armarios son del tipo de autoensamblado. Las guías son normalmente hechas de plástico o metal. Asegúrate de que todos los tornillos estén bien asegurados y reemplázalos si es que falta alguno. Si los agujeros de los tornillos están dañados o si ahora resultan demasiado grandes para los tornillos, entonces usa unos más grandes, que mantendrán bien sujeta la guía. Reemplaza el cajón y luego asegúrate de que todo corra suavemente.

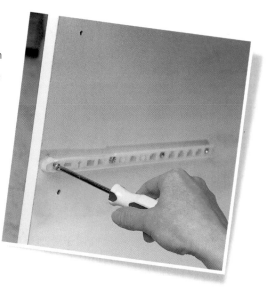

AJUSTAR BISAGRAS EN LAS PUERTAS DE LOS ARMARIOS DE LA COCINA

Con el constante abrir y cerrar, las bisagras de los armarios de la cocina se aflojan y pueden perder el alineamiento con el armazón, ocasionando muchas dificultades. Lo que necesitas es un par de destornilladores para resolver el problema.

1 Abre las puertas y verifica las bisagras. Verás que la parte de la puerta de la bisagra está pegada con un tornillo grande a la platina del armazón. Apretando o aflojando este tornillo se te facilitará el mover la puerta hacia dentro o hacia afuera.

2 Si tus puertas no se ajustan apropiadamente cuando las cierras, para el ajuste de lado con lado, afloja o aprieta el tornillo más pequeño como se te muestra. Un poco de paciencia te asegurará que las puertas se ajusten una con la otra y puedan abrirse y cerrarse adecuadamente.

* SEA COMO SEA DE EXPERIMENTAL TU COCINA LO QUE VALORAS EN UN ARMARIO ES SU ESTABILIDAD.

Tápate la nariz — es la hora de los trabajos malolientes

ATASCOS

Bien, tienen que suceder de vez en cuando. Es hora de ponerse esos fabulosos guantes de goma y bajar y limpiar el drenaje. Si, puede que sea desagradable, pero a veces tienes que apretar el gatillo y hacerlo. Los atascos siempre suelen ocurrir por varias razones – no son amenazas de muerte, sólo un poco desagradables, eso es todo.

DESATASCAR EL DESAGÜE

El desagüe, los tubos de bajada de agua y el depósito de agua de descarga se pueden obstruir fácilmente con hojas u otros deshechos. Con el tiempo esto hace que se desborde, lo cual causa perjuicios en el ladrillado. Tendrás que ponerte los guantes de goma y subirte a la escalera portátil. Limpia los deshechos del desagüe y del depósito de agua con la mano, luego explora el tubo de abajo con una varilla larga para forzar a salir lo que obstruye.

una chica tiene que hacer lo que una chica tiene que hacer, pero puede hacerlo con estilo.

DESATASCAR LOS DRENAJES 26

Los drenajes atascados son una molestia, pero si te acuerdas de revisarlos regularmente, estos no se volverán un problema. Durante el otoño, las hojas y otras materias orgánicas tienden a atascar los drenajes y causar desbordes – ¡es hora de ponerte otra vez los guantes de goma!

1 Si el atasco sucede en el alcantarillado del jardín, ponte los guantes protectores de goma, quita la rejilla y mete la mano. Si el drenaje está lleno de agua, vacíalo un poco primero, luego quita los deshechos del depósito de agua hasta que el agua se vaya por el drenaje.

2 Cuando se haya quitado el atasco, limpia la alcantarilla con agua fresca y con desinfectante. Después friega la rejilla antes de volver a ponerla.

3 Si la bajada de aguas negras que llevan el desagüe del baño al drenaje principal está atascada, deberías pensar en llamar a un profesional, porque no es un trabajo ni muy placentero ni muy fácil.

CONSEJO
Es buena idea tomar nota de este tipo de mantenimientos en el reporte de mantenimiento de la casa (ver páginas 180-81) La prevención es mejor que la cura.

LIMPIAR LA JUNTA ACODADA DEL FREGADERO

Los atascos del fregadero pueden pasar con bastante frecuencia, especialmente si eres un poco descuidada en lo que lavas sobre el agujero del desagüe. No es muy buena idea, por ejemplo, derramar cera caliente de vela en el fregadero porque la cera se solidifica ocasionando un atasco. Esto también puede pasar con el aceite de cocina, por lo que ten cuidado. Pero si el fregadero ya está atascado, los pasos siguientes te mostrarán cómo hacer que las cosas fluyan de nuevo.

1 Como primer recurso, usa el desatascador. Cuando lo elijas, asegúrate de que la copa de goma sea lo suficientemente grande como para cubrir el agujero del desagüe completamente. Sólo tienes que colocar la parte de goma sobre el agujero y bombear. El movimiento succionador deberá quitar el atasco, pero si este persiste, será necesario tomar otras medidas.

necesitas
* desatascador
* cuenco pequeño
* alambre grueso o una percha estirada

2 Echa un vistazo debajo del fregadero, verás algo como esto. El tubo de desagüe estará unido a algún tipo de desagüe. Puede verse más como una botella, en cuyo caso, tu sólo tienes que desatornillar la base para conseguir un acceso al tubo. Pon un cuenco pequeño debajo del desagüe, luego desatorníllalo y quítalo. Saca toda el agua que se haya quedado dentro.

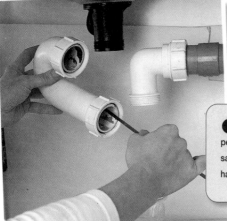

3 Usa un pedazo de alambre para sacar lo que atasca – una percha de alambre estirada sería perfecta para estos fines. Haz un pequeño gancho con un extremo para que se te haga más fácil sacar lo que obstruye. Limpia el desagüe con agua antes de volver a ponerlo. ¡Asegúrate para hacerlo de usar otro fregadero o se te llenará todo el piso de agua!

* YO HAGO LOS TRABAJOS SUCIOS... SU NARIZ ES MUCHO MÁS SENSIBLE QUE LA MÍA.

4 Si continúa el atasco, revisa el tubo de llegada con el alambre y casi con toda seguridad el problema se resolverá. Rearma el desagüe, luego pasa agua fresca y desinfecta.

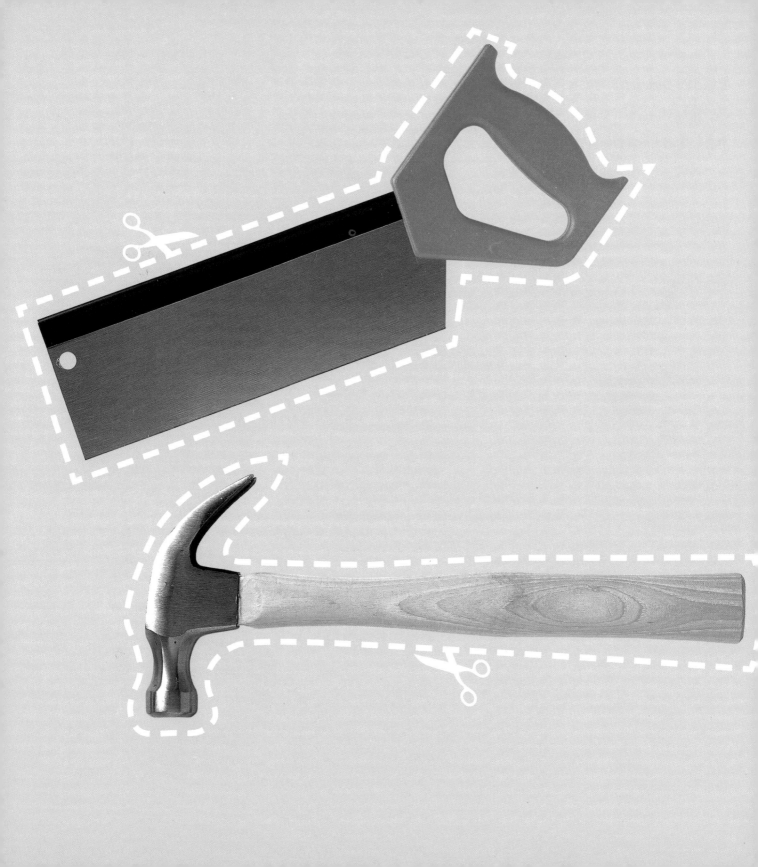

PONER

¡Es hora de averiguar qué has estádo haciendo todos estos años!

Cómo colocar el revestimiento del suelo

EL REVESTIMIENTO del suelo puede dividirse en dos categorías básicas: el «pesado» y el «suave». El camino que sigues depende absolutamente de una cuestión de preferencia personal. Dentro de la categoría de revestimiento pesado incluiré el entablado, revestimientos de madera, losetas (cerámica, losetas de vidrio, losas vidriadas de color rojizo y mármol) y el parquet. La categoría de revestimiento sencillo incluye alfombras, moquetas, sintasol, placas de sintasol y placas de corcho. El revestimiento pesado se supone que debe ser más resistente a los malos tratos, mientras que el revestimiento suave es más apropiado para la habitación.

ELEGIR

El tipo específico de revestimiento que elijas dependerá de la salud de tu cuenta bancaria (o de tu tarjeta de crédito) y por supuesto, el lugar donde vas a colocar el revestimiento es una consideración fundamental. Por ejemplo, los baños, las cocinas y los cuartos de servicio van mucho con el vinilo, losas o revestimientos de madera, considerando que las habitaciones y los salones requieren tablones o alfombrados suaves o mullidos. Otra cosa que debes tener en cuenta es el tránsito del lugar – ¿pasa mucha gente por tu vestíbulo? Si es así, una alfombra gruesa y resistente, losetas fáciles de lavar o pisos de madera son buenas opciones. A veces lo que tú imaginas y deseas tienes que temperarlo con lo que ya tienes – los tablones viejos de madera bien pulidos son adorables, pero si tienes una base de piso de cemento debajo de la alfombra vieja, entonces tal vez es hora de comprometerte. Realmente compensa gastar un poco de tiempo considerando aquello que quieres, lo que ya tienes y lo que definitivamente tienes que quitar. ¿Tienes el tiempo y el dinero disponibles para un enorme y costoso proyecto o un arreglo simple y rápido es lo más atractivo y práctico? Supongo que es una cuestión de calcular riesgos y ventajas. Equivocarnos en la elección puede llegar a ser caro y en última instancia bastante decepcionante – hay tanto de donde elegir, por eso tómate tu tiempo y elige lo mejor para ti.

✱ CREA TU PROPIA Y FABULOSA PISTA DE BAILE

INSTALAR UN SUELO NUEVO ES REALMENTE UN TRABAJO PROFESIONAL (Y BASTANTE CARO TAMBIÉN), PERO UNA ALFOMBRA NUEVA O TAMBIÉN UNAS BALDOSAS DE BUENA CALIDAD SON OPCIONES BASTANTE ACCESIBLES.

REPARAR UN TABLÓN DEL PISO

Después de quitar la alfombra vieja, tienes que decidir ahora qué es lo que vas a hacer. Ya que quitaste la alfombra, revisa el estado del piso de madera. Si eres afortunada, entonces todos los tablones estarán en perfecto estado y felizmente podrás saltar al siguiente paso. Pero si alguno de los tablones está salido y dañado, entonces tendrás que repararlo o reemplazarlo. Hasta que todo el piso original haya sido quitado, lo que hay debajo es siempre un misterio. Tal vez habrá tablones, algunos flojos, otros de múltiples colores o crujientes – nunca se sabe.

1 Toma tu cincel de soporte y el martillo y comienza en la juntura de la viga (los extremos clavados de los tablones normalmente se encuentran por encima de la viga). Martillea el extremo ancho del cincel sobre la viga y comienza a levantar la tabla. Esto tal vez te costará un poco al comienzo, pero persevera – y se soltará.

2 Cuando se haya soltado el extremo de la tabla, toma un pedazo de cartulina gruesa y ponlo sobre el extremo de la tabla siguiente para protegerla de cualquier daño. Tira del tablón para arriba con un martillo de orejas. Quita la tabla y los clavos que se hayan salido a través de la tabla y que quedaron en la viga.

3 Cepilla cualquier basura o desperdicio que se haya quedado sobre la viga. Corta la nueva tabla ya medida y colócala en su lugar. Sería muy raro que la tabla nueva tuviera la misma anchura que la anterior, así que tienes que rellenar la parte que falte con una tira delgada de madera cortada del mismo tamaño. También rellena de la misma forma cualquier otro intersticio más grande. Clava sobre el revestimiento puntillas pequeñas para asegurar las tablas a cada viga.

CONSEJO
Cuando adquieras una tabla nueva, asegúrate de que sea del mismo grosor de la antigua, para que esté nivelada a la superficie del piso.

4 Después de haber reemplazado todas las tablas dañadas, ahora se tienen que arreglar las salidas o chirriantes. Las tablas salidas o que crujen normalmente están dañadas por el uso, lo que las ha hecho soltarse de la viga. Lo que ocasiona que se bamboleen y que crujan cuando se camina sobre ellas. Levanta la tabla de la misma manera, luego quita los clavos viejos, desperdicios y cosas similares. Vuelve a poner la madera en la misma posición, después usa tornillos de al menos el doble del largo del grueso de la tabla para asegurarlas a las vigas. Usa los agujeros de los clavos antiguos o taladra otros nuevos si los primeros ya están demasiado gastados.

necesitas
* cincel de soporte
* martillo de orejas
* cartulina
* tablas de piso nuevas
* torno
* sierra
* martillo
* puntillas de revestimiento

¡Ningún suelo está completo sin un zócalo!

ZÓCALO

29

El zócalo sirve tanto por razones funcionales como para propósitos decorativos. Del lado funcional, el zócalo protege las paredes de daños accidentales o del roce del paso de las personas, mientras que desde el aspecto decorativo puede dar el toque de acabado a tu decoración. Puede ser necesario reemplazar un zócalo dañado o, muy frecuentemente, el estilo que has heredado junto con tu nueva casa no combina con tus planes decorativos. Instalar el zócalo es relativamente fácil. Se puede pegar al yeso con clavos de acabado o a paredes de mampostería con clavos de mampostería. La única dificultad con la que te puedes encontrar es al tratar de ponerlo en las esquinas internas y externas: se necesitará un poco de astucia tal vez, pero no es imposible.

necesitas

* palanca de gancho
* zócalo
* lápiz
* sierra alternativa vertical o serrucho de calar
* pegamento de madera
* martillo
* clavos de mampostería o sin cabeza
* madera masilla
* papel de lija

ESQUINAS EXTERIORES

1 Para comenzar, usa una palanca de gancho pequeña para quitar el zócalo usado de la pared. Quita cualquier clavo que se haya salido de la pared. Para una esquina externa necesitarás ensambladuras de inglete para los acabados. Mide la primera tabla correctamente y corta el extremo a 45 grados usando una sierra alternativa transversal con un larguero de solera ajustable.

2 Sujeta una extensión de zócalo contra la otra pared. En la esquina, marca el perfil del borde del inglete de la primera tabla en la parte de atrás de la segunda usando un lápiz. Pon de nuevo la tabla en el banco de carpintería y con cuidado corta otro ángulo de 45 grados a lo largo de la marca del lápiz, usando la sierra alternativa como antes. Pon la tabla en la esquina otra vez para verificar la medida y haz los ajustes necesarios antes de fijarla en su lugar definitivamente.

3 Aplica algo de pegamento de madera a las resquebrajaduras cuando claves la tabla a la pared. Quita el exceso de pegamento de la superficie de la madera con un paño húmedo. Si quedaron pequeños resquicio vacíos, es fácil rellenarlos con masilla de madera, después lija suavemente cuando seque. Puedes rellenar también cualquier agujero de tornillo o de clavo de la misma manera, después retoca y pinta.

❋ ¡RECUERDA HIJO, ES MEJOR DEJAR PARA LAS CHICAS LA INSTALACIÓN DEL ZÓCALO!

ARRANCAR EL VIEJO ZÓCALO ES UN GRAN ALIVIADOR DE ESTRES

ESQUINAS INTERNAS

1 Comienza por cortar la primera extensión para ponerla en la parte recta a lo largo de la pared. Inserta los extremos cuadrados contra las paredes. Si necesitas pegar extensiones, hazlo usando pegamento de madera. Rellena cualquier resquicio con masilla de madera, luego lija suavemente y después retoca con pintura. No pegues en la pared la primera tabla todavía porque puedes necesitar quitarla después para darle forma al extremo.

2 Con los recortes del zócalo delínea el perfil sobre el extremo de la siquiente pieza a colocar. Mide la longitud de la tabla y márcala con el lápiz – vas a necesitar cortarla tan recta como la primera. De cualquier manera, no lo hagas aun en caso de que hayas cometido algún error al cortar la forma y tengas que comenzar de nuevo.

✳ ¡AHORA ESE ES UN ENCANTADOR PEDACITO DE ZÓCALO!

CONSEJO
Pensé que sería una gran idea el pintar el zócalo antes de colocarlo – de esa forma no tienes que pintar todo eso después.

3 Con cuidado corta la forma delineada que trazaste con una serrucho de calar o la sierra alternativa. Puedes necesitar intentarlo varias veces para hacerlo caber perfectamente, pero tienes que hacerlo. Verifica la medida de las tablas y vuelve a revisar si el largo es correcto; luego corta el extremo recto que atraviesa.

4 Cuando estés segura de que la segunda pieza encaja en la primera perfectamente, ponla en su lugar y clávala en la pared. Cuando regreses a la primera tabla, quítala y diseña la forma usando un recorte como antes; luego córtala con cuidado de manera que el extremo quede correctamente sobre la última tabla.

55

Quitarte todo lo que llevas puesto

LIJAR EL SUELO

Lijar el suelo de madera es un trabajo bastante duro, pero hacerlo tu misma resulta mucho más barato que contratar a alguien para que lo haga. Las lijadoras grandes y lijadoras de borde están disponibles en las tiendas de alquiler, la mayoría de las cuales tienen buenos precios para los fines de semana e incluso descuentos de entre semana mucho más baratos. Los equipos vienen con instrucciones completas, y la tienda te venderá un montón de discos para lijar para los bordes y hojas para las maquinas más grandes; normalmente te devuelven el dinero por las lijas que no usaste. La mayoría de las tiendas de alquiler tienen empleados que te explicarán lo básico.

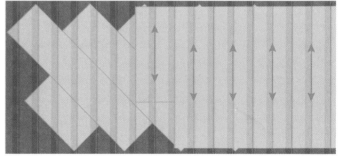

1 Revisa el piso y rellena cualquier resquicio, asegura las tablas salientes y repara las que estén dañadas. Después con el mazo para clavos o el martillo clava todos los clavos perfectamente en las superficies de cada tabla. Sí, puede ser un poco laborioso, pero es muy importante que no quede fuera ninguna cabeza de clavo porque pueden rasgar el papel de lija. Finalmente, cepilla cualquier desperdicio o basura que haba debajo del zócalo.

2 Terminados todos los preparativos, los dibujos de abajo te muestran cómo ordenar el trabajo. Fíjate en la dirección de las flechas.

3 Cuando hayas acabado de lijar, aspira todo el piso; luego límpialo con un paño humedecido con aguarrás. Revisa la sección siguiente para ver algunos acabados que te podría gustar aplicar en tu piso recién lijado.

ORDEN DE TRABAJO

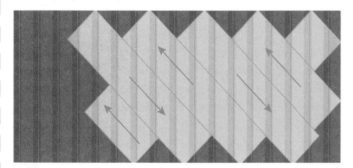

Usa la máquina más grande con el papel de lija más grueso y abrasivo y lija el suelo en diagonal. Este primer procedimiento alisa las tablas del piso y quita la capa de suciedad de la superficie. Lija otra vez diagonalmente el piso, pero esta vez en sentido contrario.

Lo siguiente es trabajar en franjas a través de las tablas. Con la máquina encendida, lija en un sentido y luego regresa lijando a lo largo de la misma franja. Apaga la máquina y cambia a la franja siguiente; repite. Primero usa el papel de lija más grueso, luego lija con uno mediano y luego con uno delgado para terminar.

ADVERTENCIA

☞ El lijado del suelo es un trabajo que lleva mucho, mucho polvo. Limpia la habitación perfectamente, empaqueta todo y aléjalo del lugar (especialmente el equipo de audio y vídeo). Cubre todos los muebles con fundas para el polvo – incluso los de las otras habitaciones – o sella las puertas con cinta adhesiva. El polvo tiende a expandirse por absolutamente todas partes, por lo que te garantizo que tomar esta precaución merece la pena.

¡Esta es la única manera de sentirte realmente cerca del límite!

* ¡BUENAS, BUENAS, BUENAS, BUENAS VIBRACIONES!

necesitas

* mascarilla contra el polvo
* lijadora de suelos y de bordes
* discos y hojas de lija
* mazo para clavos
* martillo
* bolsas para los desperdicios
* fundas para el polvo
* paños
* aguarrás
* aspiradora

☞ Las principales áreas de la habitación están ahora terminadas. Usa la lijadora pequeña para lijar alrededor de la parte de afuera de la habitación. Cualquier detalle o alguna parte difícil puede ser lijada a mano.

CONSEJO

No olvides vaciar la bolsa cuando se llene. Ten a mano suficientes bolsas para el desperdicio. Ciérralas bien para que el polvo no se disperse por todos lados.

Otorgar ese esencial toque de glamour

ACABADOS

¡Los suelos de madera recién lijados se ven fantásticos, pero todavía hay un poco más que hacer antes de que les pongas el pie encima! La madera sin barnizar debe protegerse de alguna manera, y esto puede hacerse o con un tapaporos o con barniz. Como otra opción, podrías preferir usar pintura o tinte de algún color. Si te sientes un poco creativa, fíjate en las ideas para decorar pisos que están en las páginas 76-77. Recuerda, cualquier pintura o tinte decorativo debe protegerse con algunas capas de barniz claro como acabado, de otra manera la pintura se descascara rápidamente. Para terminar, un consejo en relación al orden del trabajo: comienza en la esquina más alejada de la puerta y ve pintando en dirección a ella ¡No te pintes a ti misma dentro de una esquina!

BARNIZAR SUE-LOS DE MADERA

31

Barnizar los pisos de madera es en esencia lo mismo que barnizar cualquier otra superficie de madera. Las ventajas de barnizar son dos: la primera es que protege a la madera de daños y manchas y la segunda es que realza la belleza natural de la madera. Elige un barniz claro y natural o uno con color para cambiar el color de la madera. Sin embargo, hay algunas consideraciones que se deben tener en cuenta. Algunos barnices o tapaporos están hechos a base de agua y casi no tienen olor, pero los que están hechos a base de solventes pueden tener olores muy penetrantes y al pintar grandes extensiones pueden resultar bastante desagradables. No se te olvide abrir todas las ventanas para mantener la habitación bien ventilada.

USA SIEMPRE GUANTES PARA PROTEGER TUS MANOS DE DESAGRA-DABLES MANCHAS DE PINTURA.

1 Usa una brocha limpia, en buen estado para aplicar el barniz, preferentemente una que no haya sido usada antes, porque es fácil que las partículas de pintura vieja estropeen el acabado del suelo. El barniz también puede ser aplicado con un rodillo pequeño para ahorrar tiempo.

2 Cuando uses la brocha humedece alrededor de un tercio del largo de las cerdas en el barniz, luego escurre el extremo de la brocha en el borde de la lata para quitar el exceso. No apliques la brocha con demasiada energía porque podría crear burbujas que estropearían el acabado tal como lo haría la suciedad y el polvo. De cualquier forma, si ocurre no te desesperes, sólo tienes que lijar sobre la zona con papel de lija fino. A medida que avanzas, intenta que las capas de barniz sean uniformes para evitar que se acumule en ciertas zonas.

✱ ¡Y TODAVÍA VAS A TENER TIEMPO DESPUÉS PARA RETOCAR EL ESMALTE DE TUS UÑAS¡

PINTAR EL ENTABLADO

32

La pintura de suelos es una manera de decorar el suelo de madera cuando se prefiere un color sólido. Muchos fabricantes de pintura producen pintura que puede ser usada sobre madera, cemento y pisos de ladrillo, creando un efecto muy brillante. Este es ideal para baños y cocinas donde sus propiedades para limpiarlo fácilmente son de gran ayuda. Elige de entre su maravillosa variedad de colores frescos uno para combinar con tus muebles.

BLANQUEAR LOS PISOS DE MADERA

33

La lejía para madera aclara la madera manchada y en la mayoría de los casos les devuelve el color original. Los suelos de madera que se han oscurecido con el tiempo puedes revitalizarlos, pero recuerda usar primero disolvente para barniz para quitar el acabado antiguo. Como otra opción, se puede usar la lejía de madera para quitar las manchas causadas por derrames accidentales o cuando el entablado original está pintado de manera desigual. Siguiendo las instrucciones del producto, aplica la lejía con una brocha, tanto en las manchas como en los derrames o, preferiblemente, al piso completo para evitar irregularidades. Posteriormente el piso debe ser lijado para después aplicar el acabado que elegiste. Una tinte medio puede ser blanqueado aplicando una mezcla muy fuerte de agua caliente y cristales de ácido oxílico. Los cristales puedes conseguirlos en una farmacia. Humedece el piso con agua limpia usando siempre guantes de protección.

PRINGOSO

❶ Aplica la pintura de suelos con un rodillo pequeño de mango largo. Esto ahorra tiempo y también cuida tu espalda si la zona a pintar es muy grande. Usa una brocha pequeña para pintar alrededor de tubos y para llegar a áreas pequeñas y difíciles.

❷ Trata de no sobrecargar el rodillo de pintura – esta se puede filtrar en los resquicios de entre las tablas, lo que se ve bastante feo cuando se seca. Es mucho mejor aplicar tres o cuatro capas delgadas, dejando secar cada una antes de la siguiente aplicación. Si estás usando pintura a base de agua, que seca bastante rápido, es muy posible que termines de pintar el piso en un solo día.

DAR COLOR AL SUELO DE MADERA

34

La pintura da color a la madera pero no cubre totalmente las vetas. No es siempre posible visualizar los efectos del color elegido sólo por ver la fotografía de la lata. Primero prueba el color sobre una parte que no se vea del suelo, antes de ponerlo sobre toda la zona. Ahora existen en el mercado colores bellos y delicados, así como tonalidades más fuertes e intensas. Sólo tienes que elegir.

❶ Aplica la pintura usando una esponja o un paño suave. Se pueden aplicar varias manos de pintura para intensificar el color. Siempre debes dejar secar la primera mano antes de aplicar la siguiente.

❷ Trabaja sobre las vetas de los tablones en tiras paralelas tratando de no sobrecargar las tiras que vas pintando. Cuando estés satisfecha con la tonalidad, aplica dos manos de mate claro o de un barniz suave como acabado.

Tantas cubiertas para el suelo y tan poco tiempo

ELIGIR LOS REVESTIMIENTOS DEL SUELO

35

Una chica puede realmente pasmarse por la cantidad de tipos y estilos disponibles de productos para el revestimiento del suelo. La moda reciente por los pisos de madera pulida y por los revestimientos de madera, de ninguna manera han convertido a las alfombras en obsoletas, sino que ha habido un incremento en la variedad de tejidos de fibra natural, como el yute o la estopa.

La primera consideración básica que debe hacerse es cuánto te puedes gastar; la segunda es la imagen que intentas crear; y la tercera es cuánto espacio va a ser revestido. Lo tradicional es alfombrar aquellas partes de la casa que necesitan ser más confortables como las habitaciones o los salones. Pero en última instancia la elección es tuya. Aquí hay algunos ejemplos.

Moquetas

Estas están generalmente pensadas para el revestimiento del piso de las oficinas, hoteles o propiedades comerciales por su resistencia. No las descartes por creer que son grises y monótonas – últimamente las fábricas de moquetas han creado una elegante variedad de colores y este tipo de revestimiento puede ser una opción inteligente para el hogar. Las moquetas se pueden quitar y reemplazar si se manchan o se dañan, o incluso se pueden enrollar y retirar y ser reeplazadas por otras en las zonas que estén más gastadas. Son fáciles de cortar y darles forma usando la cuchilla de carpintero. También tienes la opción de hacer con ellas un efecto de tabla de ajedrez, contrastar bordes o incluso crear un alfombrado mosaico si te sientes aventurera.

Calcular las cantidades

Para las baldosas de suelo, calcula el área del piso multiplicando el largo por el ancho. Cada paquete tiene la medida aproximada que el contenido puede cubrir. Divide el área del piso en relación a esta información y calcula cuántos paquetes necesitarás para recubrir todo. Si usas sintasol o moquetas, mide la habitación y pide un plano a escala al distribuidor de revestimientos, que te aconsejará. Hay varios grosores medios de sintasol y moqueta. Si la habitación es grande o tiene una forma irregular, tal vez necesitarás cortar el material para cubrir las zonas irregulares evitando así el desperdicio.

Revestimientos de madera

Este tipo de revestimiento es comúnmente llamado de «piso flotante». La madera sólida o los menos caros tablones laminados están hechos con el estilo machihembrado, diseñado para pegarse con cola y, después, encajar. Ya unida así la madera se pone sobre el subsuelo y, en efecto, parece que flota. Los revestimientos de madera últimamente son muy populares por razones obvias: no resultan enormemente caros, quedan genial y es bastante fácil mantenerlos limpios. ¡Hazte con uno!

Alfombras

Siempre es una opción popular, las alfombras de buena calidad están hechas de fibras naturales que pueden durar una vida si se cuidan bien, pero también pueden resultar bastante caras. Las más económicas están hechas con materiales sintéticos o una mezcla y son más accesibles para el bolsillo, pero menos duraderas. De cualquier manera valen perfectamente para un cuarto pequeño poco transitado o que no reciba un trato demasiado duro.

Parquet

Parecen grandes placas cuadradas. Son de hecho capas delgadas de tiras de madera decorativa o pequeños cuadros dispuestos en bloque o en dibujos de punto de ojal, luego son pegadas con cola para formar unas placas bastante fáciles de manejar. Algunos revestimientos de parquet son autoadhesivas, pero otros tienen que ser pegados con pegamento al subsuelo.

Placas de corcho

Son similares a las de sintasol en su mayoría autoadhesivas o pueden ser pegadas con adhesivo de contacto y en que son fáciles de cortar y modelar. Están normalmente hechas de corcho granulado que es comprimido y pegado bajo presión y calor. Algunos se pueden adquirir ya con acabados o los puedes barnizar tú misma. El revestimiento de corcho es bastante elástico y cálido al tacto. La otra ventaja del corcho es que tiene buenas propiedades de absorción de sonido.

¡SI PONGO PLACAS DE SINTASOL, TENDRÉ SUFICIENTE DINERO DE SOBRA PARA UNOS ZAPATOS NUEVOS!

Sintasol

Actualmente el vinilo es delgado, flexible, fácil para cortar y de darle forma, higiénico, fácil de limpiar y bastante resistente también – la solución perfecta para los problemas en el revestimiento de la cocina y el baño. El sintasol es como un sandwich hecho con varias capas de plástico, una de las cuales probablemente será acolchada para dar comodidad extra al caminar. La penúltima capa tiene impresos una multitud de dibujos y diseños diferentes cubiertos con una capa clara.

Placas de sintasol

Imagina el sintasol cortado en cuadrados con adhesivo en la parte de atrás. Es así de simple: sólo corta a la medida, despega la tira protectora de la parte de atrás y pégalo al piso. Es un trabajo mucho menos temerario que luchar con un enorme pedazo de sintasol. Las placas de sintasol son ideales para cuartos pequeños llenos de obstáculos. Sus propiedades básicas son similares a las del sintasol: son fáciles de limpiar, a prueba de agua y duraderas.

No sólo en la pared — también lo puedes hacer sobre el suelo

ELIGIR LOSAS PARA EL PISO 36

Las losas son opciones bastante populares para recubrir cocinas, baños y zonas tan transitadas como los vestíbulos. Son bastante prácticas para aquellas zonas que tienen muchos obstáculos por los que pasar, así como son fáciles de cortar y de darles forma con las herramientas específicas. La cerámica para el suelo es esencialmente igual que las baldosas de la pared, pero en general es más gruesa y fuerte y está diseñada para caminar sobre ella. Es importante resaltar que las baldosas de pared no pueden ser usadas para el piso; con toda seguridad se resquebrajarían bajo la presión de un grupo de personas, del constante andar de la gente o por el peso de muebles grandes.

CERÁMICA

La cerámica se divide en dos categorías: la vidriada y la no vidriada. Las losas vidriadas de suelo no son tan pulidas como las de pared, lo que las hace menos resbaladizas para andar por ellas. La mayoría son cuadradas o rectangulares, pero también hay muchas con formas maravillosas, diseñadas para encajar una con la otra y crear formas y dibujos. Los tamaños varían de acuerdo con el fabricante, pero en general una baldosa cuadrada mide 150 mm o 200 mm cuadrados y una rectangular 200 mm x 100 mm. Es por eso que no hay una regla general – las hay de todas formas y tamaños. Las no vidriadas como las terracota deben ser debidamente selladas para prevenir que se

manchen. Otros materiales usados para las losas de piso son la pizarra y la piedra, las cuales no sólo tienen una belleza natural sino también una fabulosa textura. De cualquier manera, los fabricantes no nos hacen la vida más fácil porque producen una enorme variedad de maravillosos estilos, dibujos y colores entre los que elegir. Mi sugerencia es que tengas en mente un esquema de color cuando vayas a comprar, observa todas las posibilidades ¡y luego deja que tu presupuesto sea tu guía!

CONSEJO

Asegúrate de que la tienda donde compres tenga más de tus baldosas de reserva – no querrás salir corriendo antes de terminar el trabajo.

Losas de cerámica vidriada

Normalmente esta cerámica es cuadrada o rectangular, pero hay otras muchas formas geométricas para escoger. La forma más común es la hexagonal, que puede combinarse en las intersecciones con cuadros pequeños de colores que contrasten para crear diseños llamativos. Opta por un esquema de color monocromático o combina dos o más colores para formar un sencillo cuadriculado en los bordes o algo más elaborado si te sientes creativa.

Baldosas de cerámica vidriada

Sus colores bellos y cálidos los hacen los favoritos para las cocinas. Están normalmente dispuestos sobre una base de mortero y deben ser adecuadamente sellados para evitar que se manchen. Los tamaños más comunes son los de 10 cm o 15 cm cuadrados. Las baldosas rectangulares especiales con un borde redondeado están hechas para formar un borde definido como un zócalo de madera alrededor del piso embaldosado. Las baldosas de terracota son bastante similares a las de cerámica vidriada pero tienen una apariencia más rústica. Están hechas y horneadas a mano, por lo que los colores pueden variar de baldosa en baldosa, otorgándoles más individualidad y encanto.

No son tan brillantes como las baldosas de pared, no querrías resbalar con tus zapatos de tacón alto.

Baldosas metálicas

Hay unas baldosas fabulosas con efectos metálicos que se pueden poner tanto en la pared como en el piso. Es una cerámica moldeada para verse como si fuera metálica. Toma aire y piensa; esta puede ser una opción bastante cara. Pero no te detengas si tu economía te lo permite – están muy de moda.

CONSEJO

Si te decides por un dibujo geométrico, practica antes algunos dibujos en un papel.

LAS BALDOSAS SON FÁCILES DE LIMPIAR – IDEALES PARA PATOSOS.

Mosaicos

Los mosaicos son los más pequeños y normalmente tienen colores fuertes. La mayoría vienen como hojas cuadradas o como papel o en formato de malla. Úsalos así como vienen en las hojas o ponlos individualmente para hacer dibujos geométricos sencillos. Si te sientes aventurera, con la recortadora de baldosas corta las baldosas en pedazos pequeños para crear diseños más elaborados. También puedes comprarlos para formar diseños entrecruzados.

Baldosas de pizarra

Las baldosas de pizarra o piedra verdadera pueden resultar una opción cara, pero crean un efecto maravilloso. Están disponibles en una variedad de tonalidades y texturas, estas baldosas son perfectas para crear un ambiente rústico. La textura puede ser una ventaja si es fácil que el piso se moje porque su superficie es mucho menos resbaladiza que lo que puede llegar ser la baldosa vidriada.

¿Por qué preocuparte por lo auténtico cuando falsificar es tan fácil?

INSTALAR REVESTIMIEN-TOS DE TIRAS DE MADERA

37

Esta es realmente una de las más fáciles y relativamente baratas formas de lograr un fabuloso efecto de madera en el piso. La madera sólida o las tiras laminadas se pegan y se encajan al estilo machiembrado, lo que da una apariencia suave al piso y fácil de cuidar. El marco de tonalidades de efectos de madera varía del melocotón claro a los tonos más oscuros de cereza y caoba. Algunos fabricantes producen revestimientos de colores brillantes o efectos metálicos para un estilo realmente moderno. Las dimensiones de las tiras de madera varían, por lo que tienes que medir con cuidado la habitación; luego lee las instrucciones para calcular la cantidad que necesitas (ver abajo). Recuerda, este tipo de revestimiento requiere un soporte de espuma. Cuando adquieras el revestimiento, compra un soporte adecuado al mismo tiempo – uno resistente es lo mejor para cubrir cualquier imperfección pequeña del subsuelo.

CONSEJO

Deja las tiras en la habitación que vas a revestir alrededor de 48 horas para aclimatarlas a la temperatura y humedad.

❶ Quita todo el revestimiento anterior y todos los clavos y tornillos. Inspecciona el subsuelo con cuidado para asegurarte de que no haya ninguna imperfección seria. Haz cualquier reparación necesaria antes de comenzar. Asegura cualquier tablón suelto, martillea los clavos salidos y verifica que todo esté limpio y seco.

❷ Cubre todo el piso con el soporte, juntando las tiras con cinta adhesiva. Si el subsuelo está hecho de hormigón, coloca antes una hoja delgada de plástico para prevenir que la humedad salga a través del soporte. Si el subsuelo está hecho de madera desigual, tal vez tengas que fijarle una capa de madera contrachapada antes de poner el soporte. Corta las hojas de madera contrachapada a la medida, luego atorníllalas a los tablones de madera para crear una superficie suave y pareja.

Calcular las cantidades

En el embalaje se te dará el área que el contenido cubre. Mide el largo y el ancho del espacio de tu suelo, luego multiplica las dos medidas para obtener su área. Divide por la cantidad que nos da el paquete para calcular cuántos de estos vas a necesitar para terminar el trabajo.

❸ Observa la habitación y decide cuál es la pared más larga y recta. Ese es el mejor lugar para comenzar. Abre el estuche de instalación de revestimientos. Normalmente este contiene bastantes chavetas y un soporte para golpear diseñado para ayudarte a clavar las tiras sin dañar el lado lenguado. Comienza colocando la primera tira con el lado ranurado de cara a la pared. Coloca las chavetas junto a la pared para hacer un espacio de unos 12 mm.

4 Aplica un poco de cubierta adhesiva al extremo ranurado de la tira segunda e insértala junto a la primera tira. Toma una tercera tira, aplica adhesivo sobre el extremo ranurado y luego insértala en la segunda. Repite el proceso hasta que estés ya cerca del otro extremo de la habitación. Corta la última tira para que quede en el espacio que sobra, dejando un espacio de 12 mm para la intersección, claro. Ponle cola como antes. Ahora estás preparada para comenzar la segunda parte.

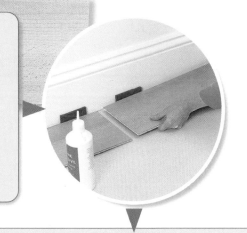

necesitas

* revestimiento de madera
* soportes
* cinta adhesiva
* estuche de revestimientos
  capa adhesiva
* paño
* martillo
* sierra de madera
* lápiz
* sierra para metales
* tiras de cuadrante
* moldura
* convexa
  caja de inglete
* puntillas
*

5 Usa el recorte de la última tira de la primera parte para comenzar la segunda. Esto asegura que las junturas no estén demasiado rígidas. Continúa colocando tiras y poniendo pegamento a lo largo de las orillas cortas y largas, como antes. Que no se te olvide quitar inmediatamente todo el exceso de pegamento de la superficie de las tablas con un paño húmedo.

6 Pon cuñas de perímetro en los extremos de cada sección para mantener los espacios correctos todo alrededor. Usa el martillo y el bloque de sujeción especial para martillear en cada tira de madera.

* ¡VETE TÚ MISMO A POR LA PIPA Y LAS ZAPATILLAS! – ¡YO TENGO QUE INSTALAR LAS TIRAS DE MADERA DEL SUELO!

7 Si te aproximas a algún obstáculo como el dintel de una puerta o tubos, corta sólo con la sierra alternativa vertical o con una sierra para metales pequeña la forma adecuada para que se amolde. Cuando hayas llegado al otro lado de la habitación y el piso esté casi terminado, corta la última sección de tiras con el ancho correcto, dejando un espacio para la intersección, claro. Ponle pegamento y colócalo en su lugar. Ahora puedes quitar todas las cuñas para los perímetros.

8 Quita las extensiones de moldura convexa del cuadrante para adaptarlos a lo largo del la orilla de la habitación y para cubrir la intersección. Usa una caja de inglete para cortar las junturas en ángulo para las esquinas (ver la página 82). Clava la moldura en su lugar con puntillas.

Es el momento de ponerte a gatas

COLOCAR 38 LA MOQUETA

La moqueta es la respuesta brillante para los problemas de revestimiento en el hogar. Se prefiere por su especial resistencia al desgaste, lo que hace habitual su uso para el revestimiento de tiendas y oficinas. La moqueta está diseñada para ser montada al hueso, por lo que no necesita ni soporte ni cola y es ideal para zonas pequeñas pero muy transitadas, como vestíbulos, despachos dentro de la casa o la sala de juegos.

necesitas

* moqueta
* cinta métrica
* cuchilla de carpintero
* bolígrafo y lápiz
* tijeras
* regla de trazar

CONSEJO
Cuando compres una moqueta asegúrate de tener algunos espaciadores; puedes necesitarlos después para usarlos como reemplazo en caso de manchas o quemaduras.

Calcular las cantidades

La información del paquete te dirá el área media que el contenido puede cubrir. Calcula el área del suelo midiendo el largo y ancho de la habitación y luego multiplicándolo por dos. Divide este resultado por la información del paquete para saber la cantidad que necesitarás.

1 El método de colocación de la moqueta es el mismo que el de las placas de sintasol, pero estas son montadas al hueso y no con pegamento. Comienza marcando líneas centrales sobre el piso. Coloca las placas en forma piramidal con las que vas a comenzar, usando las líneas como guía (ver el cuadro de la página siguiente).

2 Normalmente las `vetas` de las moquetas se inclinan hacia una dirección, por lo tanto es posible dibujar cuadros en los bordes o tiras al ir colocando las placas. Encontrarás flechas de dirección en la parte de atrás de cada moqueta que te ayudarán a hacer esto. Trata de colocar todas las placas enteras que puedas; luego con una cuchillo de carpintero y una regla mide y corta los bordes para que todo quede ajustado.

3 Si te topaste con un obstáculo como el dintel de una puerta, entonces haz una plantilla para completar la placa y córtala con las tijeras para que se ajuste. Dibuja la forma de la plantilla en la parte de atrás de la moqueta.

4 Corta cualquier forma irregular con la cuchilla de carpintero, luego corta la moqueta con el ancho correcto usando la navaja y la regla. Ten cuidado cuando uses la cuchilla.

5 Quita los recortes sobrantes, luego coloca la moqueta en su posición. Quédate con cualquier recorte o tira grande porque luego pueden ser útiles para rellenar cualquier forma difícil o resquicio que quede al final del trabajo. También pueden resultar de utilidad para reparaciones posteriores.

COLOCAR PLACAS DE SINTASOL

39

En esencia la colocación de las placas de sintasol es la misma que la de las moquetas. Remítete al dibujo para ver las posiciones. Pon la primera placa en ángulo de intersección a las líneas centrales.

LAS FLECHAS TE MUESTRAN LA DIRECCIÓN CORRECTA. ¡FÁCIL!

1 Si las placas tienen un dibujo específico, entonces tendrán flechas en la parte de atrás para señalarla. Asegúrate de ponerlas de la manera correcta. Para comenzar coloca todas las placas enteras que puedas siguiendo una configuración piramidal, como se muestra abajo.

CONSEJO

Coloca todas las placas en la habitación al menos 24 horas antes de ponerlas para ver si se adaptan a la temperatura y humedad.

2 Cuando hayas puesto todas las placas completas posibles, con la ayuda de una cuchilla de carpintero y una regla corta las placas sobrantes con el ancho correcto para acomodarlas alrededor de los bordes. Haz plantillas para todas las esquinas, dibuja el diseño sobre la parte frontal de la placa, luego córtala con cuidado con la cuchilla. Despega el papel protector del adhesivo de la parte de atrás de la placa.

DISTRIBUCIÓN DEL TRABAJO

👉 El método de colocación de las moquetas y las placas de sintasol es el mismo. Con una tiza marca el centro vertical y horizontal de la habitación. Alínea la esquina de la primera placa para colocarla en la línea central, luego pon la segunda placa al otro lado de la línea. Monta todas las placas enteras que puedas en una forma piramidal hasta llenar la mitad de la habitación, luego haz lo mismo con la otra mitad. Corta placas para rellenar los bordes y los resquicios de las formas irregulares.

3 Coloca la placa en su posición y presiónala con firmeza para asegurarte de que esté bien adherida al piso.

✱ ¡HUM, ¡ESTAS PLACAS DE SINTASOL SON ESTUPENDAS!

ARMA UNA ESTRUCTURA PIRAMIDAL

MARCA EL CENTRO DE LA HABITACIÓN

Para la chica a la que le gustan las apuestas difíciles

EMBALDOSAR EL SUELO — 40

Las baldosas de cerámica son fantásticas para las cocinas y los cuartos de servicio porque son fáciles de limpiar – ¡y las de color terracota quedan genial! La consideración más importante que debe hacerse antes de comenzar a embaldosar es la del tipo de subsuelo que ya tienes. Las baldosas para el piso pueden ser colocadas directamente sobre el cemento si este es razonablemente plano y seco. Pero si tienes un piso suspendido, es decir, de tablas de madera, no significa que el embaldosado sea imposible. Pídele a un topógrafo que verifique que el piso sea lo suficientemente resistente para soportar las baldosas; luego cubre el piso con una lámina de 12 mm de madera contrachapada, atornillándola al piso para asegurarla. Esto crea una base sólida para las baldosas para que no se flexionen. Las baldosas vidriadas para el piso se colocan con adhesivo a prueba de agua para las cocinas y los baños y las baldosas de quarry se colocan sobre una base de mortero. Ambos estilos se deben pegar con adhesivo flexible si el piso está suspendido.

CONSEJO
Como la loseta vidriada es más gruesa que la cerámica, debes tener cuidado al cortarlas. Compra de más por si necesitas varios intentos.

1 Para comenzar quita todas las cubiertas existentes del piso y luego prepáralo como sea necesario. Marca el suelo como se muestra en el dibujo de la página 67. El método para acomodar las baldosas para suelos es similar al de la colocación de moquetas y de placas de sintasol – comienza desde las líneas centrales vigilando el espaciado, que debes dejar con un ancho razonable en los bordes de las baldosas. La única diferencia es que debes comenzar a colocar las baldosas en la esquina más alejada de la puerta.

Comienza a embaldosar desde la esquina más alejada de la puerta.

2 Clava dos largueros de madera suave al piso en ángulo recto el uno al otro en la esquina más alejada de la habitación, como el embaldosado señala. Los largueros deben alinearse al borde de la última sección de baldosas enteras. Ahora toma una tercera tira y clávala al piso, creando un panel equilibrado con el ancho de las baldosas, dejando lugar para los espaciadores. Básicamente necesitas colocar las baldosas en grupos de 16.

3 Mezcla el mortero en una cubeta como indican las instrucciones de fabricación. Con la paleta, coloca una base gruesa de mortero entre los largueros, después comienza a acomodar las baldosas con los espaciadores entre ellas. Mezcla mortero en las cantidades que vayas usando en la medida que el trabajo progresa. No intentes llenar la cubeta, se pondría muy pesada y tu no quieres romperte la espalda.

Calcular las cantidades

Las baldosas para suelos se venden generalmente en cajas, pero algunas veces las puedes comprar sueltas. El fabricante te informará sobre el área media que el contenido abarca. Mide el área que necesita ser embaldosada, luego usa la información que el fabricante te ha dado como guía para calcular las cantidades que necesitarás. Ten en mente que puedes cometer errores, así que compra entre un 5 y 10 % de material extra.

necesitas
* baldosas
* largueros
* mortero
* cubeta
* paleta
* espaciadores
* nivelador
* corta-baldosas resistente

*YO SIEMPRE SOÑÉ CON COLOCAR UNA GRUESA CAPA DE CEMENTO CON UNA PALETA.

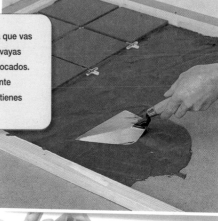

4 Ve poniendo con la paleta más mortero en la medida que vas avanzando. No te precipites en esta parte y es mejor que vayas verificando que los espaciadores estén correctamente colocados. Por cierto, los espaciadores de plástico están especialmente diseñados para dejarse dentro del mortero, por lo que no tienes que sacarlos después.

5 Es muy importante que las baldosas estén niveladas, así que verifica varias veces en la medida en que vayas avanzando, comprimiendo cada sección de baldosas suavemente con la ayuda de un recorte o de un larguero y el mango del martillo. Después verifica otra vez. Cuando las baldosas hayan sido bien comprimidas dentro del mortero, usa un nivelador para asegurarte de que realmente estén bien niveladas. Las pequeñas irregularidades se harán realmente visibles cuando se complete el piso. Quita los largueros cada vez que cada grupo de 16 baldosas haya sido completado.

6 Continúa trabajando a lo largo de los largueros en grupos de 16 hasta que el piso este completamente cubierto con la totalidad de las baldosas (esto se llama colocación de «campos» de baldosas). Propónte terminar hasta llegar a un lado de la puerta para que puedas tomar un descanso sin tener que caminar sobre el embaldosado fresco.

7 Espera por lo menos 24 horas antes de caminar sobre el piso, tanto para rellenar con mortero o para colocar las baldosas de fuera. Usa el corta-baldosas para cortar las baldosas del borde con la anchura correcta para colocarlos en las intersecciones dejadas alrededor de la orilla. Pon mortero como antes, luego rellena los espacios con un secador de mezcla de mortero, barriendo el exceso con una brocha de alambre.

Celébralo con una taza de té y una pasta (con chocolate, por supuesto) - te lo mereces.

Cómo enfrentase a un enorme rollo de vinilo sin montar mucho escándalo

COLOCAR UN PISO DE SINTASOL

41

Colocar sintasol en un cuarto razonablemente pequeño como el baño o la cocina no debe representar mayores problemas. Pero, si el suelo es grande, puedes pedirle a un amigo que te ayude. Como regla general, la mayoría de los cuartos tiene una pared aceptablemente recta. Toma esta como tu punto de partida; después haz todos los pedazos difíciles. ¡Y es muy probable que encuentres muchos de ellos si estás trabajando en el baño!

necesitas

* vinilo
* recortes de largueros
* clavos
* martillo
* cincel de acero templado
* tijeras extra fuertes
* navaja maestra afilada

CONSEJO

Deja el vinilo en la habitación por lo menos 24-48 horas antes de colocarlo, para que se vaya aclimatando y después sea menos probable que se enrolle.

❶ Toma tu recorte de larguero y clávale un clavo en un extremo hasta alrededor de 5 cm de tal forma que la punta sólo sobresalga del otro lado. Esta es tu herramienta para marcar. Te ayudará a cortar la forma correcta en el primer lado del vinilo. Puedes pensar que la pared que parece tan recta es de hecho recta, pero la verdad es que probablemente no lo sea, así que tienes que usar tu marcador para obtener la medida correcta.

❷ Coloca la hoja paralela a la primera pared, cerca de 3,5 cm lejos de ella. Pon el extremo de tu marcador contra la pared y arrástrala a lo largo de la extensión del vinilo. La punta del clavo marcará una línea de corte sobre el vinilo asegurando una medida perfecta (habrá, por supuesto, un recubrimiento en cada extremo). Usa las tijeras extra resistentes para hacer este primer corte. Pon el vinilo contra la pared y haz el ajuste necesario.

❸ El próximo paso es cortar una ranura de forma triangular o cuadrada (o un corte) en cada esquina de tal forma que la hoja caiga completamente plana. Presiona el vinilo con firmeza dentro del ángulo hecho por el suelo y la pared. Puedes usar el cincel de acero templado para ayudarte a hacerlo.

❋ ¡YA SÉ! ¡CON EL DINERO QUE HEMOS AHORRADO PUEDO COMPRAR ALGUNOS CLUBES DE GOLF NUEVOS!

❹ Después usa la navaja maestra para cortar con mucho cuidado a lo largo del pliegue. Tomate tu tiempo porque el vinilo puede resultar duro de cortar y es fácil ejercer demasiada fuerza y hacer un desgarro.

5 Te encontrarás indudablemente con objetos de diversas formas por los que tendrás que pasar, como el pedestal de la taza de baño o la base del lavabo. Pliega la parte de atrás del vinilo sobre la pared, luego presiona la hoja a la base del obstáculo. Haz un corte ascendente que vaya un poco más arriba del nivel del piso en dirección al borde del vinilo.

✳ ¡CON EL DINERO QUE HE AHORRADO, PUEDO HACER ALGUNAS COMPRAS EN CHANEL!

6 Tira la hoja del vinilo de la base del obstáculo en dirección al borde haciendo lengüetas de forma triangular. Trabaja alrededor de la curva de esa manera. El vinilo debe seguir ahora la forma del obstáculo. Corta cualquier sobrante, pero deja lo suficiente para que el vinilo alcance para cubrir la parte de atrás del pedestal o base tambien.

7 Cuando te sientas satisfecha con la forma, recorta con una navaja para mas exactitud cerca de la base. Corta el vinilo de la misma forma para ajustar cualquier otra forma irregular. Las plantillas se pueden cortar y seguir para adaptarse correctamente alrededor del marco de las puertas.

Ponte los guantes de protección si no los tienes puestos cuando uses la navaja maestra.

Instala, señora, instala.... una adorable alfombra nueva en una tarde

INSTALAR LA ALFOMBRA

42

No es demasiado difícil poner un pedazo de alfombra de un tamaño pequeño, en la medida que puedas levantar fácilmente el rollo de la alfombra. Pero si las cosas se ponen pesadas, puedes llamar a un amigo para que te ayude. Para habitaciones grandes, probablemente sea mejor dejar a los instaladores ponerla. Si tienes poco presupuesto, puedes revisar las tiendas locales de alfombras o almacenes, pues ellos siempre tienen remates y piezas pequeñas bastante baratas. De hecho, suelen tener tiras largas con algunos metros de ancho, también sobrantes – ideales para pequeñas cajas de escalera o vestíbulos. Los siguientes pasos te muestran cómo colocar tanto las alfombras de base de tela de yute como las de base de espuma.

CONSEJO

Si necesitas unir dos pedazos de alfombra para adaptarlos a un tamaño, hazlo usando una cinta adhesiva de dos lados adherentes – ¡y no se te olvide combinar un patrón al otro!

necesitas

* alfombra
* cinta adhesiva piso/alfombra de dos lados adherentes
* navaja estanley

ALFOMBRA CON BASE DE ESPUMA

1 Quita la alfombra y el soporte viejos. Asegúrate de que el subsuelo esté limpio y libre de polvo. La mayoría de las alfombras con base de espuma no requieren soporte, lo que es fantástico si no tienes demasiado tiempo ni dinero, pero que no se te olvide que este tipo de alfombras son mejores para usos domésticos ligeros, en una zona donde sea poco probable que reciba un tratamiento demasiado fuerte.

¡ELIGE TU ALFOMBRA CON CUIDADO, ALGUIEN TE PUEDE DAR UNA ALFOMBRA SUCIA Y QUEMADA!

2 Primero, pega un pedazo grande de cinta de dos lados adherentes alrededor del perímetro de la habitación. Esto asegurará la alfombra a su posición evitando que se levante.

3 Es mejor comenzar desde la pared más recta y larga antes de empezar con formas irregulares. Despega la tira protectora de la cinta adhesiva para mostrar la parte adherente.

4 Coloca la alfombra sobre la cinta adhesiva. Sigue el mismo procedimiento de la colocación de sintasol para poner el resto de la alfombra entre las esquinas y alrededor de los obstáculos (ver página 71).

✳ ¡LIBÉRATE YA DE ESA PREHISTÓRICA ALFOMBRA!

ALFOMBRA CON SOPORTE DE TELA DE YUTE

1 La alfombra con base de yute necesita un soporte de corcho blanco y unos aseguradores de bordes llamados varillas de agarre. Estos son unos largueros delgados de madera con dientes afilados diseñados para asegurar la alfombra firmemente alrededor del perímetro de la habitación. Estos deben ser siempre tratados con precaución.

2 Pon los varillas de agarre alrededor del perímetro de la habitación. Estos ya vienen con los clavos unidos – todo lo que tienes que hacer es clavarlos. Córtalos para adecuarlos al tamaño con una sierra para metales. Asegúrate de que la punta de diente apunte en dirección a la pared para que sujete la alfombra correctamente. Clávalos dejando alrededor de 1 cm de espacio entre las varillas y la pared.

3 Corta el soporte para adecuarlo al tamaño, de tal forma que empalme correctamente contra las varillas. Junta las piezas con la cinta de dos lados adherente si es necesario. Luego grápalo al suelo con intervalos alrededor del perímetro del cuarto.

CONSEJO

Revisa las secciones previas sobre la colocación de sintasol, moquetas y placas de sintasol para que veas detalles de cómo cortar alrededor de obstáculos, hacer plantillas y consejos similares – el principio para las alfombras es básicamente el mismo.

4 Desenrolla la alfombra y con la navaja estanley recórtala para hacerla a la medida. Comienza colocándola entre la pared más larga y la que está adyacente.

5 Usa el cincel para empujar la alfombra dentro de las varillas de tal forma que los dientes la sujeten firmemente, luego tira del borde de la alfombra debajo del zócalo. Es importante que el primero borde esté bien sujeto a los dientes de la varilla. Vas a necesitar estirar el resto de la alfombra de tal forma que se extienda completamente lisa y sin ningún pliegue.

necesitas

- alfombra y soporte
- martillo
- sierra alternativa vertical
- varillas de agarre
- grapadora
- cincel

6 Estira la alfombra en dirección a las otras dos esquinas de la habitación. Luego sigue el mismo procedimiento, enganchando dentro de las varillas, ajustando y finalmente remangando la alfombra debajo del zócalo.

Para adelante y para arriba — clavar las escaleras

COLOCAR LA ESTERILLA PARA LA ESCALERA

43

Usa los mismos principios que para la instalación de alfombras de base de tela de yute. Necesitas las varillas de agarre para sujetar firmemente la alfombra a los escalones y para evitar que se corra cuando bajes y subas las escaleras. Otra cosa que debes recordar – en una alfombra de escalera la dirección del pelo debe ir hacia abajo.

Arrodíllate sobre un cojín mientras trabajas para proteger esas delicadas rodillas.

1 Con una sierra para metales pequeña, corta la varilla para adaptarlo al ancho de la escalera – necesitarás dos varillas de agarre por cada escalón. Clava uno en la parte de atrás de cada huella (la parte horizontal del escalón) y en la base de cada tabica (la parte vertical del escalón). Cuando estés clavando la varilla a la tabica, asegúrate de dejar un espacio de alrededor 15-18 mm entre esta y la varilla de la huella. Esto crea espacio para que la alfombra pueda ser empujada dentro con el cincel. Los dientes de las varillas de sujeción la mantendrán sujeta a su posición en el ángulo de cada tabica.

2 Corta piezas individuales de soporte para poner sobre cada huella y tabica de tal forma que lleguen hasta las varillas pero que no las cubran. Grápalas en su lugar o usa pequeñas tachuelas para hacerlo. Cubre toda la caja de escalera de esta manera. Usa el cincel para presionar la alfombra dentro de las varillas, cuidando que la alfombra esté bien sujeta dentro de cada huella y tabica.

ALFOMBRAR ESCALERAS DE CARACOL

COLOCA LAS VARILLAS DE SUJECIÓN A LOS LADOS

DOBLA LA ALFOMBRA PARA QUE SE ACOMODE A LAS ESCALERAS

👉 Para alfombrar una escalera de caracol de orilla a orilla, trabaja cada escalón por separado. Pon las varillas de la misma manera que a las escaleras normales, luego añade pedazos de las varillas al lado de cada huella. Trabajando desde la parte de arriba a la de abajo, corta pedazos de alfombra para adaptarlos a cada escalón y asegúrate de que la pelusa de la alfombra corra en la misma dirección en cada escalón.

👉 Para alfombrar tu escalera de caracol con una esterilla, no pongas las varillas a las tabicas de cada escalón. Trabaja desde la parte de abajo hacia arriba, dobla la alfombra como se muestra arriba, para que se amolde sin ningún pliegue en cada escalón. Sujeta cada sección en su lugar con tachuelas largas de 4 cm.

necesitas

* alfombra y soporte
* varillas de agarre
* sierra para metales
* martillo
* navaja estanley
* cincel de soporte
* grapas y tachuelas
* tijeras

¡ESTO ES MÁS FÁCIL DE LO QUE PARECE Y ES TAN IMPRESIONANTE!

PONER LA ALFOMBRA EN UN ÚLTIMO ESCALÓN (REDONDEADO)

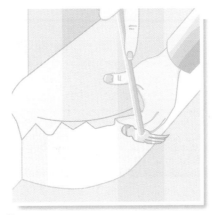

1 Pon la alfombra a lo largo de la parte de arriba de la huella, luego con las tijeras corta el borde sin mucha precisión dándole la forma de la curva y deja unos 5 cm extra todo alrededor. Corta pedazos triangulares pequeños en la orilla de la alfombra para que se acomode correctamente en el extremo redondeado del escalón.

2 Aprieta las pestañas triangulares alrededor del extremo redondeado con tu pulgar o con los dedos para asegurarte de que se acomode correctamente. Recorta cualquier sobrante de manera que la alfombra quede plana. Cuando quedes satisfecha con la medida de la alfombra, clávala a la tabica debajo del extremo redondeado con tachuelas de alfombra.

3 Corta una tira de la alfombra que quede exacta alrededor de la tabica debajo del extremo redondeado. Coloca la tira en su posición, luego clava las tachuelas en el borde de arriba y en los lados. No claves abajo, porque las tachuelas probablemente se verían y quedarían feas.

3 Corta la alfombra para acomodarla a lo ancho de las escaleras, luego comienza a adaptarla desde la parte de arriba hacia abajo. Usa el cincel para estirar el borde superior de la alfombra dentro de las varillas detrás de la huella en la parte de arriba de las escaleras. Trabaja hacia abajo sobre cada huella y tabica, usando el cincel para estirar la alfombra dentro de las varillas en cada ángulo.

4 Coloca las varillas de agarre, el soporte y la alfombra en el rellano. Recubre el extremo de la alfombra sobre la parte de arriba del escalón y debajo de la tabica de abajo.

✱ ¿CÓMO TE ATREVES? – ¡BUENO, PUEDES USAR MI TABICA CUANDO QUIERAS!

Y para todas las chicas creativas de allá afuera

¿NO TE GUSTA? ¡PUEDES RASPARLO FÁCILMENTE Y COMENZAR DE NUEVO!

IDEAS PARA LA DECORACIÓN DEL SUELO

44

Bien, hemos cubierto ya los elementos básicos para la colocación de alfombras, la colocación de sintasol, el embaldosado y cómo pintar, pero todo esto es bastante tradicional. ¡Si te sientes un poco creativa, hay una gran cantidad de opciones y posibilidades para desarrollarlas en la decoración del piso! Piensa en color, en dibujos, en bordes, en tiras, piensa en motivos combinados – todo esto es posible. Toma un cuaderno de dibujo y un lápiz y haz un dibujo original para ver lo que puedes diseñar. A la vez, hojea algunas revistas de estilo y decoración para inspirarte con ideas y esquemas de color.

Estarcido

Los estarcidos pueden realmente transformar una habitación insulsa. Prueba un sencillo borde geométrico o una elaborada plantilla de estarcido en la esquina de la habitación. Marca el diseño cuidadosamente sobre el piso, luego dispónte a trabajar con tu brocha de pintar o un rodillo pequeño. Puedes usar pintura de emulsión o una de las pinturas de la amplia gama diseñadas para el estarcido y proyectos de estampado.

DIBUJOS A ESCALA

Un punto final en el que siento que debo llamar la atención; los dibujos a escala. Si estás creando un diseño sobre el piso (a menos que esto signifique ser casual y artística), vas a necesitar seguir un plano o un dibujo. Compra hojas grandes de papel cuadriculado, mide cuidadosamente la habitación y luego dibuja un contorno sobre el papel cuadriculado. Puedes esbozar el dibujo o diseño que quieras, trasladarlo directamente al suelo o poner un pedazo de revestimiento y pintar o recortar en el tamaño adecuado. El éxito depende de la precisión y exactitud de las medidas, así que sé cuidadosa.

Pintura brillante

Pintura con efectos metálicos

CONSEJO

Si quieres pintar líneas rectas usa cinta adhesiva. Sólo tienes que cubrir la zona que deseas pintar, pinta y despega la cinta cuando la pintura esté seca. Resultado – una línea perfectamente recta.

Pintura para suelos

✱ ¡TODO LO QUE
NECESITO SON SUELOS
DE MADERA PINTADOS
DE COLOR PLATA Y YA
TENGO MI PROPIA DISCO!

'Trompe-l' oeil' alfombrillas y esterillas

'Trompe-l' oeil' significa 'trampantojo', es un efecto decorativo diseñado para hacerte creer que algo esta ahí cuando no está. Esta idea la puedes usar para imitar con pintura alfombrillas o esterillas sobre los pisos de madera en vestíbulos, escaleras o frente a la chimenea. Escoge diseños geométricos simples, o si te sientes ambiciosa, elige algo con diseños más complicados. Para dar una imagen más auténtica, prueba a pintar borlas en ambos extremos – ¡o un gato y un par de pantuflas sobre la alfombrilla de la chimenea!

MÁS IDEAS FABULOSAS

Hormigón pintado El hormigón puede no ser muy inspirador, pero si te deshiciste de una alfombra vieja y gastada y encontraste hormigón debajo, este puede ser un arreglo fantástico y rápido. La elección de color es más o menos limitada, pero nada es mejor que el color básico del concreto. Si necesitas poner un nuevo piso de hormigón, tal vez en el sótano o el cuarto de servicio, es posible comprar pigmentos de color para el hormigón.

Vinilo pintado Los fabricantes han creado este fantástico producto para pintar sobre el revestimiento de sintasol del piso. Este es un arreglo rápido y espléndido si tu revestimiento de sintasol está en buenas condiciones pero el color o el diseño te hace temblar de feo. Sólo tienes que preparar el piso como indican las instrucciones del producto y luego aplicar la pintura para vinilo. Usa una para cubrir todo, o sé creativa con audaces motivos o diseños.

Ribetes de la alfombra La mayoría de las tiendas de alfombras venden ribetes para complementar las alfombras rasas – estas pueden hacer un contraste sencillo, o ser tiras o tal vez un diseño. Las piezas vienen pegadas con una cinta para alfombras muy resistente en la parte de atrás. Esto es bastante fácil de hacer, es la misma técnica que has usado para juntar las piezas de la alfombra en un espacio grande.

Tablas del suelo pintadas

Las tablas del suelo pintadas son fáciles de limpiar y repintar. No te tienes que restringir entre un color y otro. Por qué no crear un estilo rayado retro de los años cincuenta en un salón: castaño, café, azul claro, luego chispazos de rosa profundo y anaranjado. Si no te sientes tan ambiciosa, intenta un sencillo efecto tabla de ajedrez de dos tonos que simulan ser baldosas.

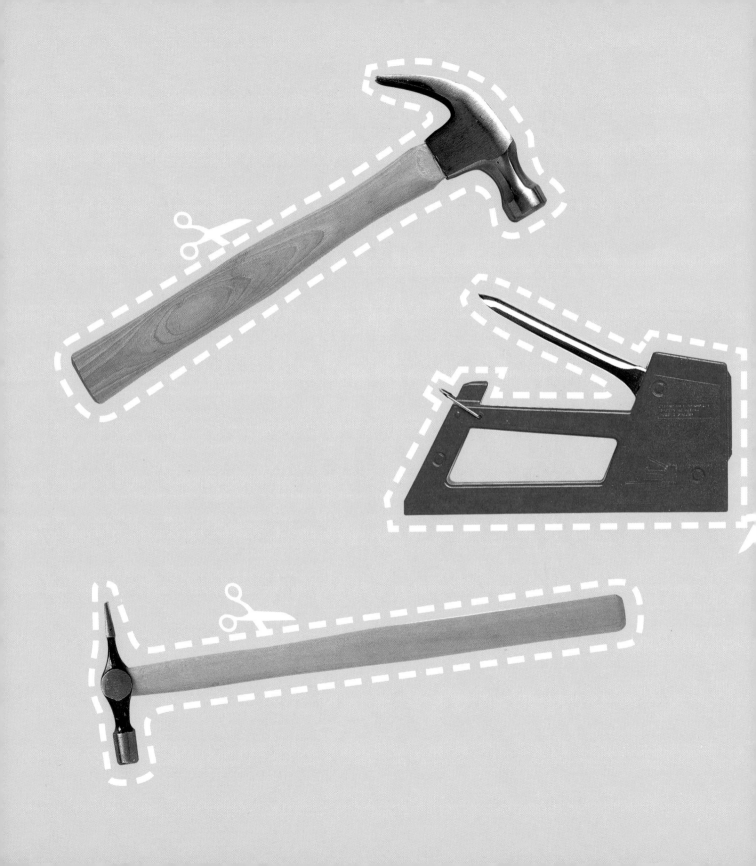

CLAVAR

*El arte de la construcción:
colgar, pegar, clavar y también
algunos proyectos originales.*

Construcción básica

SÓLO SE NECESITA MARTILLEAR COSAS, ¿NO?

EN ESTA SECCIÓN veremos algunos proyectos sencillos que puedes hacer en tu casa o piso, tales cómo colocar estanterías, guías de cortinas, cómo ensamblar muebles y hacer paneles machihembrados para el baño. Y para terminar, hay algunos proyectos un poco más complejos – esto te dará una buena oportunidad para sacar tu creatividad y espíritu aventurero.

UTILIZAR HERRAMIENTAS DE CONSTRUCCIÓN ¡AY!

MARTILLEAR

Cuando claves un clavo en una pieza de madera, toma el clavo entre el pulgar y el dedo índice y colócalo en el lugar a clavar. Martillea algunas veces sin mucha fuerza, de tal forma que el clavo sólo perfore un poco la madera y pueda mantenerse quieto, luego martillea la cabeza algunas veces manteniendo el martillo en ángulo con la cabeza del clavo, de esta manera este entra recto en la madera. Si doblas o curvas el clavo mientras lo martilleas, sácalo y comienza otra vez con uno nuevo.

ATORNILLAR

Lo más importante es usar el destornillador correcto para cada tornillo: de cabeza con ranura o con cabeza de cruz. Lo siguiente es no olvidar cuál es la dirección del atornillado – ¿en el sentido de las agujas del reloj o al contrario? Cuando se está intentando sacar un tornillo muy apretado o con pintura, es fácil olvidar de que lado se supone que debe ser girado. Sólo recuerda esto: derecha-apretar, izquierda-soltar. Sencillo.

TALADRAR

El taladro eléctrico es probablemente una de las primeras herramientas eléctricas que habrás comprado y será la que uses con más frecuencia. Básicamente, el taladro eléctrico tiene tenazas ajustables en las cuales puedes colocar todo tipo de puntas de taladro para hacer agujeros de todos los tamaños. Cuando uses un taladro, asegúrate de que esté en ángulo con la superficie que estés taldrando y de que lo tengas bien sujeto antes de conectarlo. Un taladro de varias velocidades es útil porque puedes comenzar lento y lugar subir la velocidad como vas trabajando o seleccionar diferentes velocidades para diferentes usos.

SERRAR CON LA SIERRA ALTERNATIVA VERTICAL

Una sierra alternativa es un objeto de mucha utilidad como parte de tu caja de herramientas. Generalmente se usa para hacer cortes curvos en material en fora de hoja y también para hacer cortes rectos o angulados. Sólo coloca el plato de la sierra sobre el material que va a ser cortado, conecta la sierra y luego suavemente mueve la hoja por el material a lo largo de la línea de corte premarcada. Asegúrate de no forzar la hoja o doblarla de ninguna manera. Siempre

PRECAUCIONES

☛ Usa siempre gafas de protección por si los fragmentos del material salen volando mientras los taladras o sierras y te lastiman los ojos.

☛ Cuando sierres madera comprimida o cualquier cosa que produzca polvo, usa la mascarilla antipolvo.

☛ Desconecta la herramienta antes de cambiarle alguna hoja o punta o cualquier pieza, luego antes de volver a usarla verifica que la pieza que has cambiado esté realmente bien sujeta.

☛ Si estás usando extensiones o alargadores para tus herramientas, asegúrate de que esté completamente desenrollado; esto evitará que el cable se sobrecaliente.

☛ Verifica que los enchufes y los cables estén correctamente integrados que no estén dañados. Nunca levantes una herramienta eléctrica por el cable.

desconéctala primero, espera a que la hoja se detenga y luego retírala de la superficie que estés cortando. Cambia las hojas regularmente – usar una hoja sin filo hace el trabajo mucho más difícil y puede dañar el material que cortas.

Espejos, espejos...

COLGAR UN ESPEJO O UN CUADRO PESADO 45

Para colgar un cuadro pequeño, una cadena de soporte en la parte de atrás puede ser suficiente. Pero para colgar un cuadro más grande o un espejo pesado con un marco enorme, se necesita otro tipo de abordaje.

necesitas

* abrazaderas y tornillos
* lápiz
* punzón
* nivelador
* taladro con la broca adecuada
* tacos y tornillo (para yeso y mampostería)
* destornillador

Abrazaderas planas

1 Pon el marco boca abajo sobre tu superficie de trabajo y marca la posición de los sujetadores a unos 10 cm de los bordes de arriba y de abajo de ambos lados.

Tacos

2 Coloca los accesorios para colgar de cobre en su posición. Haz pequeños agujeros piloto o de prueba usando el punzón que corresponda con cada agujero de tornillo; esto facilitará insertar los tornillos. Atornilla con firmeza cada accesorio en el marco. Para un marco más grande utiliza dos accesorios en cada lado, pero para un marco más pequeño uno a la mitad de cada lado será suficiente.

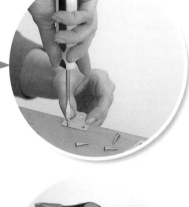

3 Elige la posición donde se va a colgar y marca el lugar de los agujeros de tornillo en la pared con un lápiz. Utiliza el nivelador para asegurar que las posiciones estén horizontales. Inserta la broca en el taladro eléctrico que corresponda a los tacos y a los tornillos. Taladra los agujeros en las posiciones marcadas. Usa el pulgar para meter el taco dentro de cada agujero o clávala con el martillo.

4 Atornilla el espejo o cuadro en su posición. Si el marco es muy pesado, puedes necesitar a un amigo que te ayude a sostenerlo mientras insertas los tornillos.

CONSEJO
Si la pared es de yeso, usa accesorios para paredes huecas.

BARRA METÁLICA PARA COLGAR CUADROS

Si quieres colgar cuadros desde una barra para colgar cuadros, tienes que reforzar esta primero – esto es para que el cuadro no se caiga y al hacerlo se la lleve. Haz una marca sobre la barra a cada metro, luego taladra y avellana un agujero de tornillo. Inserta el taco y luego mete el tornillo. Rellena después el agujero avellanado con masilla de madera.

Colocar accesorios decorativos para la pared

COLGAR LA MOLDURA SUPERIOR DEL ZÓCALO

46

La moldura superior del zócalo, las barras para colgar cuadros y las dovelas decorativas, le dan un toque especial a tu decoración, especialmente si tienes un piso moderno o una casa donde estos arreglos son raramente incluidos. Las molduras superiores y las barras para colgar cuadras están normalmente hechas de yeso o, en algunos casos, de poliestireno.

necesitas

* moldura superior del zócalo
* lápiz
* nivelador
* adhesivo instantáneo
* sierra de inglete

CORTANDO INGLETES

☞ Un inglete es la juntura entre dos piezas de madera donde los extremos están cortados en ángulo – son útiles para molduras decorativas. Para esquinas internas, corta la moldura para que encuadre con la esquina, luego marca el ángulo opuesto a la esquina. Para esquinas externas, corta la moldura de forma que salga más allá de la esquina, marca la posición de la esquina sobre la moldura. Corta el ángulo según la marca del lápiz a distancia de la esquina. Coloca la sierra en un ángulo de 45 grados.

---

1 Utilizando un lápiz y el nivelador, marca la posición de la moldura superior del zócalo, que regularmente está a 1 m del rodapiés. Esto es sólo una regla general, si la quieres colocar un poco más abajo o más arriba eso depende de ti. Corta la moldura para ponerla alrededor de la habitación con la sierra de inglete. Corta ángulos de 45 grados en cada extremo que quepan y se adapten alrededor de las esquinas internas y externas. No olvides marcar la dirección del inglete con mucho cuidado antes de cortar, porque es muy fácil hacer ángulos internos y externos confusos.

2 Aplica suficiente adhesivo instantáneo en líneas curvas todo a lo largo de la parte de atrás de cada tira de la moldura superior. El adhesivo será lo suficientemente fuerte como para sostener la moldura superior en su lugar sin necesidad de poner tornillos.

3 Presiona con firmeza la moldura superior contra la pared, alineando la orilla superior a la línea del lápiz. Si necesitas unir tiras para obtener la extensión correcta, sólo pon pegamento y junta a tope la otra tira.

Sierra de inglete

COLGAR LAS DOVELAS

47

La dovela es una estupenda manera de otorgarle un acabado a la habitación y también tiene la ventaja de cubrir la línea irregular de entre la pintura de la pared y el techo.

❋ ¡ESE TECHO NECESITA UNA DOVELA!

1 Sujeta la dovela en ángulo entre la pared y el techo, luego marca ligeramente con un lápiz a lo largo del borde de arriba y de abajo. Con la punta de una paleta pequeña, marca diagonalmente para hacer un rayado a lo largo de la pared entre la línea del lápiz y el ángulo del techo. Esto es para crear una entrada para el adhesivo.

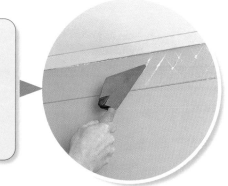

2 Corta las tiras de la dovela a un ángulo de 45 grados en los extremos para adaptarla alrededor de las esquinas internas y externas. Puedes juntar piezas poniendo pegamento y juntando hasta el tope los extremos. Cubre los interespacios con masilla de madera, luego lija para suavizar cuando se seque.

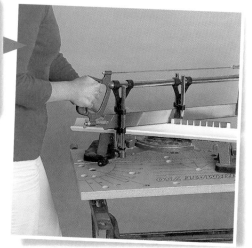

3 Cuando las piezas se hayan cortado según la medida, mezcla el adhesivo de la dovela según las instrucciones. Aplica a la parte de atrás de la dovela usando un raspador o espátula. Presiona con cuidado la dovela en su lugar. Encontrarás marcas en el reverso de cada pieza indicando cuál es el borde de la pared y cuál es el borde del techo.

necesitas

❋ dovela
❋ sierra de inglete
❋ lápiz
❋ paleta
❋ adhesivo instantáneo
❋ adhesivo de dovela
❋ raspador y espátula

COLOCAR LA BARRA PARA COLGAR CUADROS

48

☛ Si la barra para colgar cuadros es sólo decorativa, entonces fíjala en la pared de la misma manera que la moldura superior del zócalo. En general las barras son colocadas a alrededor de 50 cm más abajo del techo.

☛ Si la barra es para colgar cuadros, taladra y avellana un agujero de tornillo cada 1 m a lo largo de la barra, luego pégala. Taladra otro agujero a través del primero dentro de la pared, inserta el taco y después mete el tornillo. Rellena el agujero avellanado con masilla de madera y pinta después.

Conjuntos integrados — la guía de una chica para el autoensamblado

GUÍA FUNDAMENTAL PARA EL ÉXITO EN EL ENSAMBLADO DE CONJUNTOS INTEGRADOS

Estoy segura de que la mayoría de vosotras ha pasado muchas horas frustrantes intentando armar algún conjunto de muebles llamados «fáciles de montar». Sí, pueden ser confusos y tienen una enorme cantidad de piezas y accesorios que no se parecen a nada que hayas visto antes, pero no hay necesidad de entrar en pánico. Los equipos de muebles de autoensamblado son actualmente mucho más simples de entender de como lo eran antes. A través de los años los fabricantes han realizado infinidad de sondeos de mercado y han descubierto que nos gusta lo simple y lo sencillo. La mayoría de las intrucciones tienen muchos dibujos y muy poco texto, por lo que sólo tienes que mirar lo que tienes y comparar con lo que ves en los dibujos.

¿QUE HAY EN LA CAJA?

Ya has llevado tu equipo de autoensamblado a casa y has abierto la caja. Dentro debe haber mucho embalaje de polisterina y lo más importante, piezas de madera conglomerada o muescas y agujeros pretaladrados cubiertos de cartón: posiblemente son puertas y unidades de estantes con numerosas partes y piezas que parecen no tener ninguna conexión. También habrá una bolsa pequeña llena de tuercas y cerrojos o tornillos y objetos de apariencia extraña, posiblemente una llave allen, ruedas, guías de cajones, clavijas de madera y pegamento. Y por último pero no menos importante, deben venir las instrucciones. No pierdas este vital pedazo de papel – es extremadamente importante y te mostrará qué son todas las piezas y lo que debes hacer con ellas.

*¡PENSÉ QUE ESTABA CONSTRUYENDO UN ESCRITORIO, NO UN MODELO DE TAMAÑO NATURAL DE LA TORRE EIFFEL!

EL PERFETO EQUIPO DE ESCRITORIO

49

Vacía el contenido de las bolsas pequeñas sobre el piso dentro de una bandeja para que no pierdas ninguna pieza, y distribúyelos en grupos. Cada objeto estará ilustrado en las instrucciones junto con una nota indicando cuántos objetos deben ser. Ahora pásate para las piezas grandes. Saca todo como se indica en las instrucciones para que puedas comparar. Las piezas que se ven igual pueden tener diferentes agujeros pretaladrados por lo que si usas la pieza equivocada, esta no encajaría.

1 Esto es lo que probablemente verás en la bolsa pequeña de piezas: clavijas, tornillos, tacos de plástico, clavos, tuercas, etc. Verifica tener todos los que se indican en las instrucciones. Trata de no perder ahora ninguno – ¡puede resultar crucial después!

CONSEJO

Adquiere un mazo de goma. Esta herramienta es muy útil para el remachado de la junta con espigas, pues remacha sin dañar la superficie del material. ¡En el país del ensamblado tu nunca sabes cuándo vas a necesitar golpear algo sin dejar marcas!

2 La mayoría de los ensamblados tienen junturas con espigas. Las espigas parecen pequeñas barras de madera, y las piezas del ensamblado que deben ser unidas deberán tener agujeros pretaladrados para encajarlos en las espigas. Lo único que tienes que hacer es meter un poco de pegamento de madera dentro de cada agujero de la pieza que va a ser unida, luego con un martillo golpea la espiga cuando esté a medio camino dentro del agujero. Localiza la pieza correspondiente, pon pegamento dentro de los agujeros como antes, luego encaja las primeras espigas dentro de los agujeros de la segunda pieza. Finalmente, usa el mazo de goma para clavar las espigas dentro, asegurándote de que las piezas encajen perfectamente.

necesitas

* martillo
* destornillador
* mazo de goma
* posiblemente pegamento si no viene incluido

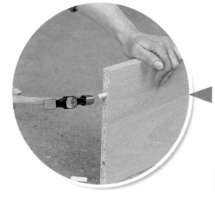

3 La mayoría de los sistemas de cajones de los ensamblados son los mismos: tres lados del cajón están unidos con bisagras de plástico que se pueden plegar en la forma correcta. Cada lado tiene una ranura cerca de la orilla más baja, donde la pieza del tablero se enmuesca para crear la base del cajón. La frente del cajón entonces se atornilla o se encavilla al cuerpo del cajón. Un método similar se usa para gabinetes y libreros.

4 Ahora es el momento de utilizar el mazo de goma. Dale el toque final a tu mueble con una rápida pasada del mazo de goma. Esto asegurará que todas las junturas estén seguras y firmes.

El arte de colgar estantes

CONSTRUIR UN ESTANTE DENTRO DE UN NICHO

50

Estos pequeños nichos sirven para colocar los estantes dentro, creando zonas excelentes para colocar libros, adornos y equipos de sonido y de vídeo. La manera más fácil de hacer esto es usar tres tablones de madera, uno para colocarlo en la parte de atrás del nicho y los otros para colocarlos a cada lado. El estante se acomoda en la parte de arriba de las tablas, lo que crea una superficie bastante sólida y resistente como para colocar tus aparatos.

Incluso un estante necesita ayuda para encontrar su propia estabilidad.

① Corta una tabla para adaptarla a cada lado del nicho. Corta un extremo a un ángulo de 45 grados (esto lo hace recto en la parte de enfrente), luego corta otra tabla para ponerla en la parte de atrás del nicho restando el ancho de los dos lados de las tablas. Taladra y avellana un agujero en la tabla a uno o dos tercios del largo. Sostén la madera a un lado del nicho en la altura correcta, y usa un nivelador para asegurarte de que esté derecha. Dibuja una línea con el lápiz a lo largo de la parte de arriba de la tabla para marcar su posición exacta, luego marca agujeros para taladrar con el punzón.

② Taladra agujeros para tornillos en la pared en los puntos previamente marcados con el punzón. Recuerda sujetar el taladro bien recto en dirección a la pared de tal forma que los agujeros estén completamente derechos. Clava tacos en cada agujero, luego atornilla las tablas en su posición. Un destornillador eléctrico resulta bastante útil si tienes muchos tornillos que insertar – ¡facilita mucho las cosas!

③ Corta el estante para adecuarlo (ver a la derecha). Pon un extremo del estante sobre la madera ya fijada, y sosténlo con una mano más abajo de su posición. Coloca el nivelador sobre la parte de arriba y asegúrate de que esté derecho, luego dibuja una línea con el lápiz a lo largo de la parte de abajo del estante y a lo largo de la parte de atrás y del borde del lado contrario. Esto marca la posición de las restantes dos tablas. Junta las tablas a la pared de la misma manera que la primera. Luego coloca el estante en la parte de arriba. Si quieres, puedes atornillar el estante a la tabla para hacerlo más seguro.

necesitas

* madera para el estante (o madera comprimida)
* extensiones de 2,5 cm x 2,5 cm de tablas de madera suave
* sierra de madera
* cinta métrica
* nivelador
* taladro con la punta apropiada, punta para avellanar
* punzón
* tornillos y tacos
* sliding bevel
* sierra alternativa vertical

Falsa escuadra

BÁSICO
¡CÓMO CORTAR UN ESTANTE DE TAL FORMA QUE SE ADAPTE CORRECTAMENTE!

☞ La falsa escuadra realmente es una herramienta muy útil cuando se trata de colocar estantes. Te asegurará que estos estén perfectamente a la medida durante todo el proceso. Antes de que cortes un estante, mide el ancho de la parte de atrás del nicho, luego a través de la parte frontal – es muy frecuente que haya una pequeña diferencia entre las dos medidas. Esto sugiere que los bordes del estante deben ser cortados en ángulo para adaptarlos apropiadamente.

Es aquí en donde la falsa escuadra entra. Abre la hoja, luego deja el mango de madera a lo largo de la pared en la parte de atrás del nicho en una esquina. Empuja la hoja para que descanse sobre la tabla; esto te proporcionará el ángulo exacto para cortar. Marca el centro del estante. Luego alínea el punto medio de la medida de la parte de atrás al centro de la línea. Ahora coloca en este punto la falsa escuadra sobre el cajón y marca el ángulo de la línea de corte con exactitud. Haz exactamente lo mismo para la otra esquina.

CORTAR EL ESTANTE A LA MEDIDA

MEDIDA DE LA PARTE TRASERA

ENCUENTRA EL ÁNGULO EXACTO CON LA AYUDA DE LA FALSA ESCUADRA

PROFUNDIDAD

MEDIDA DE LA PARTE FRONTAL

CENTRO DEL ESTANTE

UTILIZANDO REPISAS DE MADERA DECORATIVAS 51

☞ Hay dos maneras de colocar estantes con repisas – atornillar primero las repisas a la pared o pegarlas primero al estante. En el caso de que sean repisas decorativas enormes de madera, necesitas decidir la altura del estante, colocar la repisa contra la pared, luego marcar los agujeros para taladrar con el punzón. La repisa ya tendrá agujeros pretaladrados. Taladra e inserta los tacos en la pared, luego atornilla la repisa en su posición. Usa el nivelador para marcar la posición de la segunda repisa a una distancia conveniente de la primera – lo suficientemente larga como para colocar el estante sobre ambas repisas cómodamente. Atornilla la otra repisa en su lugar, luego deposita el estante en la parte de arriba.

Repisas decorativas

necesitas
* nivelador
* lápiz
* taladro con punta
* tornillos y tacos
* destornillador
* punzón
* estante cortada con las medidas adecuadas

Mira... más estanterías

USAR ESTRUCTURAS DE ESTANTERÍAS Y ESTANTERÍAS AJUSTABLES

52

La mayoría de las tiendas de bricolaje venden estructuras de estantería. Estas estructuras hechas de metal, consisten en barras de soporte de varias longitudes, con ranuras a lo largo de sus extensiones. Postes de metal que se encajan dentro de las ranuras formando soportes para los estantes. Esta estantería de pared es útil porque los postes pueden moverse para cambiar los espacios entre los estantes. Si las paredes están realmente desniveladas, los soportes pueden no alinearse a la pared, por lo que en este caso es mejor elegir otra forma de soporte para las estantes.

Y

USAR REPISAS DE METAL, ESTANTERÍAS FIJAS

☞ Puedes también atornillar primero las repisas de metal a los estantes y luego pegar las repisas a la pared.

☞ Coloca la cara de la repisa hacia abajo sobre una superficie plana, luego acomoda las repisas cerca de borde de atrás. Atornilla con fuerza en su posición.

☞ Ahora toma el estante y ponlo sobre la pared a la altura elegida, coloca el nivelador sobre él para verificar que esté recto.

☞ Marca la posición de los agujeros para los tornillos a lo largo de las repisas con la ayuda del punzón. Taladra y coloca los tacos, luego atornilla las repisas con el estante ya pegado a la pared.

necesitas

* soportes de estantería
* postes de estantería
* punzón
* lápiz
* nivelador
* taladro con punta
* tornillos y tacos

1 Escoge la posición del primer soporte. Marca, taladra e inserta el taco en el agujero para el tornillo superior, luego sin apretar atornilla el soporte en su posición. Revisa que esté vertical usando el nivelador.

2 Empuja el soporte a un lado, pivoteando sobre el tornillo superior, luego taladra e inserta el taco dentro de los otros agujeros para tornillos. Deja que el soporte se balance hacia atrás dentro de la posición vertical y mete los tornillos. Puedes ahora apretar el tornillo superior. Deposita el extremo del nivelador sobre la parte superior del primer soporte, y marca la posición de arriba del segundo soporte. Es importante vigilar la línea horizontal tanto como la línea vertical para asegurar que los estantes estén nivelados.

3 Coloca el segundo soporte en su posición, luego marca el agujero superior para el tornillo. Taladra e inserta el taco en el agujero, luego sin apretar coloca el soporte en su lugar. Vigila la línea vertical otra vez usando el nivelador, luego marca, taladra e inserta el taco en el otro agujero para tornillo como antes. Mete los tornillos para sujetar firmemente el segundo soporte en su lugar. Inserta los postes ajustables de metal en la posición deseada y coloca la estantes sobre ellos.

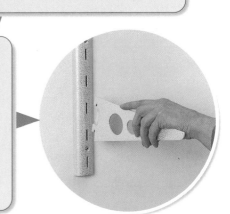

Maneras fáciles de alegrar tu cocina

CAMBIAR LAS PUERTAS DE LOS ARMARIOS

53

¿Te has cambiado a un piso o a una casa nueva y odias tu cocina? ¿No tienes dinero para comprar una nueva? No tienes que deshacerte de la cocina vieja e instalar una nueva inmediatamente si tu economía no te lo permite, sólo tienes que darle un tratamiento de reparación rápida.

Puedes transformar la imagen de tu cocina sólo quitando las puertas viejas y reemplazándolas por una nuevas. La mayoría de los entramados de las alacenas de la cocina son de tamaño medio, y los nuevos tendrán agujeros pretaladrados para las bisagras. Puertas nuevas para alacenas están disponibles en las tiendas de bricolaje, y siempre puedes personalizarlas con pintura o tiradores nuevos.

DALE A TU COCINA UN TOQUE MODERNO SIN GASTAR MUCHO PINTANDO LAS PUERTAS DE LA ALACENA. ESTAS FOTOS MUESTRAN UN ACABADO DE IMITACIÓN DE CAREY PINTADO A MANO EN UNA COCINA TRADICIONAL.

COLGAR UN ARMARIO PEQUEÑO

54

Este artefacto que se ve bastante opaco es un localizador de vigas a pilas – las vigas son las piezas verticales de madera que encuentras dentro de las paredes de yeso. Si vas a colgar un armario en una pared de mampostería, no hay problema; con los tornillos de gran resistencia y los tacos es suficiente. Sin embargo, con el yeso es un poco diferente, porque la pared es hueca por dentro. Esto en sí mismo no debería representar un problema si la instalación es razonablemente ligera – puedes usar un accesorio para colgar especial para paredes huecas. Por otro lado, si el armario está destinado a soportar mucho peso, como es caso de una alacena o una librería, entonces tienes que atornillar directamente dentro de las vigas o se corre el riesgo de que la instalación se suelte. Utiliza el localizador para encontrar las vigas y luego cuelga la alacena.

Detector de traves

¡ENCUÉNTRAME UN CHICO GRANDE Y GUAPO!

USAR EL LOCALIZADOR DE VIGAS

1 El localizador de vigas a pilas utiliza señales electrónicas para localizar vigas a través del material seco de la pared. Para comenzar debes calibrar la unidad. Sujeta la unidad contra la superficie que va a ser verificada, haz un contacto firme, presiona y aprieta hacia abajo el botón de activación. La luz roja se encenderá un instante, luego la luz verde de «listo» también se encenderá y se mantendrá constante. Continúa apretando el botón de activación hacia abajo durante todos los procedimientos siguientes.

2 Desliza la unidad a través de la superficie. Cuando te aproximes a una viga, la luz roja se prenderá y permanecerá constante cuando detecte el borde. Marca este lugar, luego verifica dos veces repitiendo el proceso en la otra dirección.

3 El localizador de vigas identificará tanto como tubos o alambrados eléctricos como vigas. Normalmente las vigas están espaciadas regularmente. Si encuentras cualquier cosa entre ellas, es lógico pensar que se trata de un tubo o de alambrados de algún tipo. Si tienes dudas, no taladres.

Aprende a manejar las barras, o caerá sobre ti una cortina de desgracias...

CORTINAS ETC.

Las cortinas hacen de una casa un hogar, sea como sea, tanto si quieres cambiar la guía de la cortina que ya tienes y reemplazarla por un poste o viceversa, es una operación bastante simple. De nuevo las posibilidades de elección son enormes, de los estilos sencillos a los postes y remates increíblemente adornados. En general, la guía o barra de la cortina es de metal o plástico y puede ser fijado a la pared o estar suspendida del techo. La mayoría se pueden flexionar o curvar para adaptarlas al vano de la ventana o a las esquinas.

BARRAS Y GUÍAS

Las barras de las ventanas están hechos de madera o metal y tienen remates decorativos en cada extremo. Es posible que una barra se adapte a una esquina, pero normalmente sólo se usan para tramos rectos. La regla general cuando mides un riel o barra es medir el ancho de la ventana, luego agregarle 15 cm a cada lado. Esto deja espacio para que las cortinas cuelguen correctamente y no obstruyan ninguna luz cuando sean abiertas. Algunas palabras de consejo en relación a la posición de la guía y a la barra: normalmente el ferraje es colocado al menos a 15 cm sobre la parte superior de la ventana. Si la ventana tiene un refuerzo de hormigón o un dintel galvanizado en la parte de arriba, detrás del yeso, puede ser posible taladrar un agujero ahí. La respuesta es pegar la guía o la barra un poco más alto que el refuerzo. Todas las guías o barras vienen en estuches con instrucciones completas, con todos los accesorios incluidos y todos los tornillos y tacos necesitados. Lee cuidadosamente las instrucciones antes de comenzar para familiarizarte con el procedimiento. La mayoría de los estuches están disponibles en un amplio surtido de tamaños estandars. Elige el que se acerque más a la longitud que necesitas, luego ajusta usando una sierra.

COLGAR LOS RIELES DE LA CORTINA

55

necesitas

* ❋ estuche de guías o barras de cortina
* ❋ nivelador
* ❋ lápiz
* ❋ taladro con broca
* ❋ tacos
* ❋ destornillador
* ❋ punzón

1 Escoge el lugar donde vas a colocar la guía de la cortina. Luego usa el nivelador y el lápiz para dibujar una línea tenue sobre la pared arriba de la ventana o de la puerta. Verifica las instrucciones para informarte sobre los espaciados correctos de las repisas de la guía. Taladra en los lugares adecuados los agujeros para tornillos e inserta los tacos dentro. Luego atornilla bien las repisas a lo largo de la línea guía del lápiz.

2 Verifica que estés atornillando las repisas en los lugares adecuados; puedes tener que despegar luego si en el siguiente nivel las ranuras no están en la posición correcta.

COLOCAR LA BARRA DE LA CORTINA

56

Normalmente puedes pegar las repisas de la barra o poste a la pared con tacos y tornillos, pero en este caso la ventana tiene un marco de madera. Yo sólo atornillé las repisas directamente al marco, lo que fue de gran ayuda porque no había espacio suficiente entre el marco y la dovela para hacer caber el pilar de la repisa.

1 Sujeta el pilar de plástico de la repisa en su posición sobre el marco; luego marca la posición del agujero para tornillo usando un punzón. Taladra agujeros piloto en cada marca.

3 Coloca las abrazaderas en cada soporte. Estas piezas sujetan firmemente el riel a los soportes. Mete el riel en los soportes y comprueba si este se extiende de forma igual por ambos lados y después coloca los ganchos en posición horizontal. Esto fijará el riel en su sítio.

necesitas

* estuche de poste de cortina
* punzón
* taladro con broca
* destornillador
* nivelador

2 Atornilla la repisa al marco de madera, luego repite lo mismo en el otro lado de la ventana. Utiliza el nivelador ahora para asegurar que las repisas estén niveladas y horizontales.

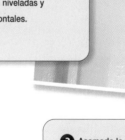

4 Coloca los ganchos dentro del riel, después inserta los topes en sus dos extremos. Ahora ya puedes colgar las cortinas.

CONSEJO

Algunas propiedades o edificios antiguos pueden tener marcos de madera para las ventanas, en este caso sólo es cuestión de atornillar las repisas a los marcos de madera.

3 Acomoda la repisa dentro del pilar de plástico y luego inserta y aprieta el tornillo de presión en la base. Incrusta todos los anillos de la cortina dentro del poste y luego deposítalo sobre las repisas. Verifica que el poste se extienda a igual medida a cada lado, luego inserta y aprieta el tornillo de presión que sujeta el poste a la repisa. Finalmente, coloca un remate en cada extremo del poste.

Mantener cubierto — los frisos nunca han sido tan divertidos

COLOCAR EL FRISO PARA LA BARRA DE LA CORTINA

Cuando las cortinas estén instaladas, puedes decidir añadir un friso. Estos pueden estar hechos de tejido reforzado en forma curva o geométrica, o pueden ser extensiones decorativas perforadas hechas de cartón duro que se pueden comprar y simplemente cortar para adaptar al tamaño deseado. Sea cual sea tu elección, vas a necesitar poner un friso para la barra de la cortina.

Esto sigue exactamente el mismo método que la colocación del estante con repisa de metal, pero ahora no necesita llevar una carga pesada, por lo que se pueden usar repisas más pequeñas de ángulo recto. Las repisas no van a ser visibles, así que no necesitan ser decorativas.

necesitas

* repisa de madera comprimida de 15 mm de grueso cortada a la medida
* corchetes de 15 mm de ancho
* grapadora
* destornillador
* algunas repisas de metal de ángulo recto
* tacos y tornillos
* nivelador
* lápiz
* taladro con punta
* reforzador adhesivo para el friso
* tela para cortinas

¡A GUSTO DE LAS CHICAS!

EL FRISO PASO A PASO

SOPORTES DE METAL EN ÁNGULO RECTO

ESTANTE PARA EL FRISO

RIELES DE LA CORTINA

CONSEJO
Los soportes para la barra de la cortina necesitan tener una profundidad de unos 10-15 cm y ser un poco más anchos que el riel de la cortina.

CORCHETES

FRISO PARA BARRA DE CORTINA

1 Corta una extensión de velcro para poner alrededor del lado y el borde frontal del friso para la barra de la cortina. Separa las dos mitades del corchete, luego grapa una mitad al borde del estante. Atornilla la repisa de metal angular a la parte de abajo del friso.

2 Usa el nivelador y un lápiz para marcar una línea que señale la posición del estante en la pared arriba de la guía de la cortina. Marca los lugares del tornillo, luego taladra los agujeros para tornillos e inserta los tacos. Atornilla en las repisas de metal para que el estante del friso esté bien sujeto.

3 Corta un pedazo de reforzador del friso de la profundidad que requiera y lo suficientemente larga para que quede alrededor de los lados y en el borde frontal del estante. Traza la curva simétrica deseada o la forma geométrica a lo largo de la parte de abajo de la tira, dejando suficiente espacio alrededor de los lados de cada extremo. Corta a lo largo de la línea marcada.

4 Retira el papel protector del reforzador del friso para mostrar el adhesivo. Coloca el lado con pegamento del reforzador sobre el revés de una tira del tejido de la cortina cortado un poco más largo que la forma del friso. Retira el papel protector del

reforzador del lado que quedó, luego haz pequenos recortes en los sobrantes del tejido alrededor del borde de la forma del friso. Dobla las tiras resultantes en la parte de atrás del friso y presiona firmemente sobre el adhesivo. Esto hará que quede un borde bien definido.

5 Puedes cortar un pedazo de forro de la misma forma que el friso. Dobla los bordes desiguales de alrededor, luego pégalos a la parte de atrás del friso. Pega o da unas puntadas en lo sobrante de los corchetes a lo largo del borde recto superior del friso, luego pégalo al estante del friso.

Y si no te gustan las cortinas vas a adorar esto...

58

PONER LAS PERSIANAS ENROLLABLES

Tu decorado tal vez requiera una imagen sencilla, o tal vez tus ventanas son pequeñas. Si este es el caso, considera entonces las persianas enrrollables o persianas de estilo romano en lugar de cortinas. Ambas están disponibles en forma de estuches de varias anchos y diseños. Los estuches vienen con instrucciones completas y todos los accesorios necesarios. Sólo tienes que elegir la medida más cercana a las dimensiones de tu ventana; luego recorta si es necesario.

✳ ¡LOS HOMBRES SÓLO ME QUIEREN POR MI CA-PACIDAD DE HACER LAS COSAS POR MÍ MISMA!

1 Mide la cavidad de la venta con cuidado. Desenrrolla la persiana; luego corta el rodillo de madera para adecuarlo usando una sierra pequeña. Recorta el material de la persiana usando unas tijeras.

necesitas
* sierra
* tijeras
* punzón
* destornillador

2 Reconstruye la persiana como se indica en las instrucciones. El material está pegado al rodillo nor-malmente con una tira de cinta adhesiva con pega-mento en ambos lados. Sólo tienes que retirar la cinta protectora del adhesivo y presionar la parte expuesta del borde superior de la persiana. Coloca las repisas en su lugar a cada lado de la cavidad de la ventana y marca los agujeros para tornillo con un punzón.

3 Asegura cada repisa a su posición usando los tornillos que vienen en el estuche. Estas repisas se atornillan directamente en el marco de madera de la ventana, por lo que no se necesitan tacos. Si estas pegando la persiana a una pared hueca o de mampostería, entonces sí usa los tacos adecuados.

4 Introduce el casquillo de plástico en un extremo del rodillo de la persiana desenrrollable y el mecanismo de enrollar como se mostró en el otro. Monta la persiana sobre los soportes como se indica en las instrucciones. Cuando la persiana esté en su lugar, súbela y bájala para cerciorarte de que funcione bien y de que el material haya sido bien alineado al rodillo.

93

Hacer una estantería

59

ESTE PROYECTO usa junturas medias cruzadas – una manera inteligente de unir extensiones de madera en ángulo recto. El principio básico es que hagas una ranura tan ancha como el grosor de tu material a la mitad del ancho, luego haz lo mismo con la otra pieza. Después encaja las dos de forma cruzada. Mientras estaba considerando este proyecto, tenía en mente una estantería para poner debabajo de la escalera – por lo tanto con forma inclinada. Y, cuanto más lo pensaba, más me gustaba la forma. No sólo es una estantería grande con una gran cantidad de compartimentos para organizar, sino que también tiene ruedas, por lo que puedes moverla fácilmente alrededor de la habitación cada vez que quieras cambiarla.

1 Cuando compres las hojas de madera coprimida, pide en la tienda de bricolaje que te las corten con las medidas exactas para ahorrar tiempo. Si prefieres puedes pintar ambos lados de cada pieza antes de construir, porque puede ser más complicado pintar cuando la estentería esté terminada.

2 Sigue el dibujo de construcción de la página 185, marcando las ranuras en cada pieza. Usa una regla T y un lápiz para asegurarte de que las líneas estén rectas y en ángulo recto a las orillas de las piezas cortadas.

CINCELAR... ¡MÁS DIVERTIDO QUE EL MEJOR COTILLEO!

3 Coloca cada pieza sobre tu banco de carpintero y corta con mucho cuidado a lo largo de las líneas marcadas usando la sierra alternativa vertical (no se te olvide usar una mascarilla de protección mientras haces esto). Cincela los residuos para hacer ranuras rectangulares bien definidas.

❋ ¿TIENES ALGO QUE QUIERAS PINTAR DE PÚRPURA?

4 Siguiendo los dibujos y plantillas de construcción de la página 185, comienza a encajar las piezas. Con pegamento pega el extremo, el lado y la base. Si las ranuras son precisas y apretadas, entonces no van a necesitar de pegamento. Pega el extremo, el lado y la base de los estantes con ranuras.

necesitas

* láminas de madera coprimida de 15 mm de grueso cortadas en largueros de 20 cm de ancho
* regla T y lápiz
* sierra vertical
* martillo y cincel
* pegamento de Madera
* taladro con broca
* tuercas
* tornillos de madera
* destornillador
* pintura para madera satinada en dos tonos
* rodillo para pintar pequeño y cubeta
* cuatro ruedas de cromo junto con tornillos

5 Cuando el pegamento esté seco, taladra agujeros pilotos y luego atornilla los bordes juntos. Coloca una tuerca de cromo sobre el tornillo antes de insertarlo. El usar esta cubierta decorativa significa que el agujero avellanado no es necesario.

6 Usando un rodillo pequeño de espuma pinta todos los bordes del estante y retoca cualquier otra zona. Atornilla una rueda de cromo al lado de abajo de cada esquina de la unidad para que puedas cambiarla de lugar fácilmente.

* ¡ARNE JACOBSON, CHÚPATE ESA!

Diversión con las puertas — !sácalas y ponlas!

QUITAR UNA PUERTA

60

A veces una puerta sólo se interpone en el camino. Si una puerta nunca se usa, entonces no hay razón por la que no se pueda quitar – siempre la puedes reemplazar con un moderno reborde o una banda de cortina! Entonces tu puedes dar la puerta vieja a alguna otra persona que la pueda usar – el reciclaje es algo muy bueno. Una puerta de buena calidad puede ser cara, y alguien puede sentirse realmente feliz por llevarse la tuya a casa.

necesitas

* destornillador
* calzo para ajuste
* masilla de madera
* espátula
* papel de lija
* pintura

La próxima vez que pases por un vertedero, echa un vistazo a ver si encuentras puertas viejas que te harán enloquecer.

❋ ¿Y AHORA QUÉ PUEDO HACER CON ELLA?

1 Primero, desatornilla las bisagras de la puerta y quita la puerta. Puedes necesitar a un amigo que te ayude a sujetar la puerta mientras la desatornillas. Ayuda mucho poner algo firme debajo de la puerta para evitar que se mueva mientras desatornillas las bisagras o mientras atornillas las bisagras. Puedes usar calzos para ajustar para hacer esto. Son cunas pequenas triangulares hechas de madera que puedes deslizar debajo del borde inferior de la puerta. También puedes usar revistas o tablas delgadas de madera.

2 Lo siguiente es desatornillar la chapa de la cerradura del lado del marco de la puerta. Rellena todos los agujeros de tornillos y las hendiduras con masilla de madera. Cuando la masilla esté seca, lija las zonas rellenadas y pintalas para aparejar con el resto del marco de la puerta. Tal vez tengas que pintar el marco completo de la puerta si los colores se ven muy desiguales.

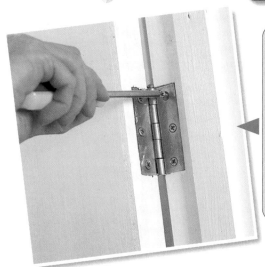

COLGAR UNA PUERTA NUEVA

Cambiar una puerta puede hacer una gran diferencia en tu casa. Échales un vistazo a las puertas de segunda mano que alguien pudo haber descartado – puede ser más fina que la que ya tenías. Recuerda verificar el tamaño antes de comprometerte.

Es posible cortar una puerta para adaptarla pero, ¡no hacer una nueva escala para el marco!

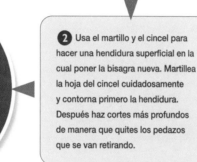

necesitas

* puerta nueva
* lápiz
* escuadra
* bisagras y tuercas nuevas
* martillo y cincel
* taladro con punta
* destornillador
* calzo para ajuste

1 Quita la puerta vieja y úsala como guía para posicionar las bisagras en la puerta nueva. Pon los lados de la puerta uno junto al otro y marca la parte superior e inferior de la bisagra con un lápiz. Puedes asegurar que la línea del lápiz sea recta redibujándola usando una escuadra. Luego mide el ancho de la nueva bisagra y dibuja otra línea, otra vez usando la escuadras. Tómate tu tiempo en esta fase para asegurarte de que las bisagras estén marcadas con exactitud y correctamente situadas.

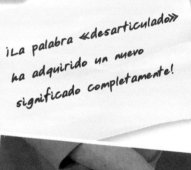

2 Usa el martillo y el cincel para hacer una hendidura superficial en la cual poner la bisagra nueva. Martillea la hoja del cincel cuidadosamente y contorna primero la hendidura. Después haz cortes más profundos de manera que quites los pedazos que se van retirando.

¡La palabra «desarticulado» ha adquirido un nuevo significado completamente!

3 Coloca la bisagra en la hendidura sobre la puerta y luego marca las posiciones de los agujeros para tornillo. Taladra agujeros piloto usando tu taladro, luego atornilla la bisagra en su lugar. Asegúrate de que cada tornillo esté bien asegurado y puesto correctamente en el avellanado de la bisagra.

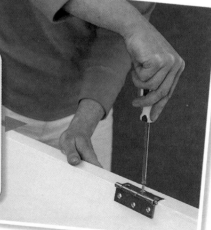

4 Coloca la puerta nueva en el marco y apóyala con el calzo para que se mantenga en la altura correcta mientras la atornillas. Tal vez te sea posible usar las hendiduras viejas de las bisagras, tal caso sólo tienes que atornillar la puerta nueva en su lugar. Como sea, si el marco está dañado o ha sido reemplazado, tal vez tengas que cincelar nuevas hendiduras. Sólo tienes que sostener la puerta contra el marco y marcar las posiciones de las bisagras; sigue el mismo procedimiento del primer paso para hacer una nueva hendidura.

Más cosas divertidas que hacer con las puertas

CAMBIAR LA DIRECCIÓN DE UNA PUERTA

62

Esto puede parecer una cosa poco frecuente de desear hacer, pero puede haber una muy buena razón para hacerlo. Puedes haber cambiado el propósito del cuarto, quitado una pared o reordenado el mobiliario de tal forma que te resulta más conveniente abrir la puerta del lado contrario.

necesitas

* destornillador
* cincel
* martillo
* aplanador surform

① Lo que necesitas hacer primero es desatornillar las bisagras y quitar la puerta del marco. Tal vez sólo tengas que reacomodar las partes: despegar la puerta cincelando ambas bisagras y hacer la hendidura de la cerradura en el lado contrario del marco y después colgar la puerta. Te puede ser posible incluso volver a usar los viejos tornillos.

② Es muy raro que la puerta encaje perfectamente, así que usa el aplanador surform para refinar. De otra manera, tendrías que quitar todas las bisagras y la manilla de la puerta, cincelar nuevas hendiduras, luego volver a poner todo de nuevo del lado contrario de la puerta. Ve la sección «Colgar una puerta nueva» en la página 97 para que sepas cómo hacer esto.

✱ ¡PUEDE QUE ELLA TENGA EL CEREBRO, PERO YO TENGO LOS CALZONCILLOS DE PIEL DE LEOPARDO!

CONSEJO

Esto puede ser o no obvio, pero cuando insertes los agujeros para tornillos al otro lado de la puerta, no la cierres. Si el pivote y la manilla están en el piso del otro lado y tu está dentro, esto puede ocasionar un problema – ¡puede que no te sea posible abrir la puerta!

CAMBIAR LOS TIRADORES DE LA PUERTA

Buscar puertas nuevas, taladrar, insertar y cincelar ¿parece un trabajo demasiado pesado para ti? Haz la siguiente mejor cosa que puedes hacer para darle a tu puerta vieja y cansada una radiante apariencia nueva. Una capa nueva de pintura puede ser suficiente, pero ponerle nuevos tiradores puede ser aún mejor.

Recuerda, es una puerta — ¡no un ariete!

1 Suelta los tornillos del tirador viejo en ambos lados de la puerta. Quita las manillas para mostrar la perilla, luego quita y descarta la perilla.

2 Rellena todos los agujeros de tornillo en ambos lados de la puerta con rellenador de secado rápido, lija para suavizar cuando esté seco. Aplica una capa de pintura para igualar tonos con el resto de la puerta en las áreas donde rellenaste. Tal vez sea necesario repintar toda la puerta si las partes recién pintadas se ven desiguales.

3 Inserta la perilla nueva (los tiradores de puerta se venden en pares, junto con la perilla del tamaño adecuado). Desliza el nuevo tirador dentro de la perilla. Marca los agujeros para tornillo con el punzón, luego atornilla cada tirador nuevo en su lugar.

necesitas

* un par de tiradores nuevos de puerta / tornillos extras
* destornillador
* relleno de secado rápido
* espátula
* papel de lija
* pintura para igualar y brocha
* punzón

❋ NO ME IMPORTAN LOS TIRADORES DE LA PUERTA, ¡LA PRÓXIMA VEZ CAMBIO LAS CERRADURAS!

Renovaciones fantásticas para la cocina

RENOVAR LAS ENCIMERAS DE LA COCINA 64

Reemplazar una cocina puede ser costoso, pero hay muchos arreglos rápidos y nada caros que podrían mejorar la apariencia de esas unidades usadas y viejas. Una simple pintada puede revitalizar las puertas de madera de la alacena y los cajones frontales; lija la superficie y luego pinta con el color de tu elección. Si las unidades son de melanina, hay productos especialmente formulados para ella. Para lograr buenos resultados usa el tapaporos de melanina y luego pinta. Cuando el tapaporos esté seco, aplica una o dos capas de pintura de melanina con un rodillo de espuma para darle un acabado suave.

NO ES DIFÍCIL NI COSTOSO CREAR UNA APARIENCIA INDUSTRIAL COMO LA DE ESTA COCINA.

¡GUAY!

ENCIMERAS METÁLICAS

No es caro crear o imitar una cocina con apariencia industrial. La mayoría de los distribuidores de hojas de metal te ofrecen facilidad de cortado y máquinas para los cortes curveados. Por una mínima gratificación ellos pueden cortar, dar forma y curvear una pieza de metal para colocarla como encimera e incluso pueden taladrar los agujeros para tornillos. Mide cuidadosamente y haz un dibujo completo con todos los detalles. Todo lo que tienes que hacer es atornillar las superficies en su lugar.

necesitas

* piezas de acero inoxidable para colocar las encimeras o el salpicadero de detrás de los grifos o puedes usar aluminio
* taladro con broca
* martillo
* granete
* tacos
* destornillador
* tornillos de cabeza redonda
* tuercas de cromo
* piezas pequeñas de madera
* tapaporos claro con zulaque

1 Mide con cuidado la superficie que deseas cubrir; después haz un dibujo sencillo que tenga todas las medidas de las superficies, para que la tienda o el distribuidor de hojas de metal pueda hacerse una idea de lo que se requiere. Sería una buena idea pedir en la tienda que te taladren algunos agujeros para tornillo, pero si prefieres hacerlo por ti misma, sólo tienes que marcar la posición del agujero y martillear el metal con el granete. Coloca el metal sobre una pieza de madera pequeña antes de martillar para proteger la superficie sobre la que estás trabajando.

2 Coloca la encimera en su posición y marca el lugar de los agujeros para los tornillo con un lápiz en la pared y en el borde de la superficie de trabajo. Taladra los agujeros en la pared, inserta los tacos y luego haz agujeros pilotos en los bordes de la superficie de trabajo. Después atornilla la encimera de metal en su lugar. Es mejor usar para esto tornillos convexos y tuercas porque se ven más decorativos. Sella todos los bordes con el tapaporos con zulaque.

IDEAS

☞ Si tu encimera o revestimiento de detrás del grifo ya está embaldosado, ¿por qué no pintarlo con un color diferente? Hay a disposición productos especiales para pintar baldosas.

☞ Las correderas son fáciles de usar. Humedece la rampa y acomódala en su posición sobre la superficie de la baldosa, luego seca cualquier exceso de humedad.

☞ Puedes usar mosaicos para crear diseños geométricos sencillos o complicados para tu revestimiento.

✲ ¡USAR UN MANDIL COMO ESTE ES OPCIONAL!

INSTALACIÓN PASO A PASO DE UN REVESTIMIENTO FÁCIL

Las baldosas son siempre una opción popular para revestimientos de detrás del grifo, pero si embaldosar te parece demasiado pesado, por qué no intentar una alternativa mucho más rápida; el pexiglás. Es igual a las baldosas en que es resistente al agua y tiene una superficie fácil de limpiar. Además el pexiglás está disponible en un amplia gama de colores con los que combinar el decorado de tu cocina.

necesitas

✳ hojas de pexiglás con color
✳ sierra alternativa (opcional)
✳ taladro con punta
✳ tacos
✳ destornillador
✳ espejo cromado tornillos
✳ tapaporos claro con zulaque

¡SIEMPRE ES BUENO PODER LIMPIAR EN SECO!

1 Mide la zona que va a ser cubierta; luego o tú misma corta la hoja de pexiglás usando la sierra alternativa, o pide en la tienda que la corten por ti. La mayoría de las tiendas de bricolaje tienen facilidades de cortado y estarían felices de ayudarte.

2 Asegúrate de que la pared en la cual vas a pegar la hoja de pexiglás esté limpia, seca y libre de polvo.

3 Taladra agujeros en cada esquina de la hoja de acrilato a intervalos de alrededor de 20 cm a lo largo de cada lado. Sostén la hoja en la pared y marca la posición de los agujeros para tornillo en la pared. Taladra los agujeros e inserta los sujetadores. Luego atornilla la hoja en su posición usando tornillos de espejo – estos tienen cubiertas convexas decorativas que atornillas dentro de la cabeza del tornillo.

4 Para asegurarte de que el agua no se escurra detrás del tablero, sella todas las orillas con tapaporos claro con zulaque.

CONSEJO

¡No te olvides de las manillas ! Unas manillas nuevas pueden hacer toda la diferencia en la apariencia de las unidades de tu cocina. La posibilidad de elección es enorme: en estos tiempos lo único que tienes que hacer es comprarla. Si tienes suerte, puede ser posible usar los mismos agujeros para tornillo de la antigua manilla.

Hacer un tablero para la bañera machihembrado

65

MACHIHEMBRADO deriva su nombre de su forma. Esencialmente, las tablas tienen unas pequeñas protuberancias en forma de lengua que van a todo lo largo de un lado y ranuras que van
a todo lo largo del otro. La idea es que el borde de las lengüetas encaje en el de las ranuras, haciendo un tablero con un decorativo diseño vertical. Hay disponibles diferentes perfiles y secciones de
cruzamiento, por lo que el acabado del tablero pude verse más decorativo. En la forma más simple
las ranuras sólo tienen una forma de V, pero hay otros diseños más elaborados.

1 Yo usé la tradicional forma V de machihembrado para este panel nuevo para el
baño. Este producto normalmente viene en paquetes de seis, en varios largos y con
diferentes anchuras. Para calcular la cantidad que necesitas, mide el ancho y la
altura del área del tablero, luego verifica las dimensiones en el paquete. Divide la
extensión total del área del tablero por el ancho de las placas para obtener el
número de piezas necesitadas, luego multiplica el resultado por la altura del tablero.
Verifica los paquetes para ver cuál es el que más se acerca a la cantidad que
necesitas – siempre puedes comprar algunos tablones demás.

necesitas

* tablones machihembrados
* lápiz
* escuadra
* serrucho de costilla
* papel de lija
* martillo
* puntas para tablero
* pintura satinada para madera
* brocha

*❋ ESTO FUE FÁCIL.
!AHORA PUEDO
DARME UN LARGO
CHAPUZÓN
EN MI NUEVA
BAÑERA!*

2 Primero, apalanca o desatornilla todos los tableros
viejos y descártalos. Vas a notar que la bañera está
sostenida por un marco de madera, al que es bastante
fácil de colocarle los tableros. Mide cuidadosamente la
altura del tablero de la bañera, luego marca cada pieza
con un lápiz y la escuadra para asegurarte de que el corte
esté a 90 grados exactos del borde. Verifica que la altura
de la parte superior de la bañera esté nivelada al piso.
Puedes necesitar cortar cada pieza de diferente tamaño
si tu piso está desigual.

3 Coloca los tablones sobre el banco de carpintero o en otra superficie resistente. Corta con cuidado cada pieza en la medida correcta usando el serrucho de costilla. Cada vez que cortes trata de que el corte sea recto y que esté en ángulo. Suaviza con el papel de lija cualquier borde rugoso en cada extremo.

Tablones machiambrados

4 Comenzando con el lado de la mano izquierda, acomoda la primera pieza al borde ranurado nivelado con la pared. Si hay un zócalo, tal vez vas a necesitar cortar la esquina de la pieza para adecuarla bien alrededor. Martillea una punta para tablero en el lado de las lengüetas en la parte superior e inferior de la tabla, asegurando el marco de madera por debajo. La idea es que cuando la siguiente pieza se coloque, cubra la cabeza del clavo. Continúa agregando una tabla cada vez de la misma manera hasta que el tablero esté completo. Probablemente vas a necesitar recortar la última pieza para que encaje bien.

5 Aplica dos capas de pintura para madera satinada del color que quieras, luego deja secar la primera capa antes de aplicar la siguiente. Pinta en dirección de la textura de la madera, asegurándote de pintar en los detalles y dentro de las ranuras.

6 Métete dentro de la bañera y admira tu trabajo. El arreglo rápido para tu baño está terminado.

✳ ¡CUAC! ¡CUAC! ¿PUEDO ENTRAR AHORA?

Esto te pondrá a escalar las paredes

Esto es un desafío, pero el resultado bien vale la pena.

LAS REGLAS DEL ALICATADO

Las baldosas cerámicas siempre han sido una elección popular para baños y cocinas porque son duraderas, a prueba de agua y fáciles de limpiar. Sin embargo, no hay atajos para alicatar – el éxito depende de la preparación y la paciencia.

En esencia, alicatar es esparcir adhesivo sobre la pared, pegar las baldosas usando espaciadores de plástico para que los interespacios estén nivelados, y luego rellenar los interespacios con cemento. Para la primera tentativa, comienza en una zona pequeña, como con el revestimiento de la cocina o una encimera. Si esto sale bien, intenta un proyecto más grande, como la pared del baño o el cubículo de la bañera.

PREPARACIÓN DE LAS SUPERFICIES

La mayoría de las superficies se pueden alicatar, y si no hay baldosas que quitar, todo lo que necesitas hacer es asegurarte de que la superficie esté seca, limpia, libre de polvo y sea plana.

Calcular las cantidades

La mayoría de las baldosas tienen indicaciones en la caja que informan el área aproximada que el contenido puede cubrir. Calcula el área que va a ser alicatada, luego divide por la información de la caja y obtén una idea de cuántas necesitarás para terminar el trabajo. Recuerda dejar baldosas de sobra en caso de que algunas se rompan.

QUITAR BALDOSAS

Esto puede llevar un poco de tiempo. Vas a necesitar un cincel y un martillo pesado para hacer esto. Si las baldosas son viejas, pueden salirse fácilmente, por lo que sólo vas a necesitar apalancar un poco y sacar. De otra manera vas a tener que romper cada una con el cincel y el martillo y quitarlas pieza por pieza. Es importante recordar que este trabajo requiere el uso de gafas de protección porque las baldosas se rompen y desprenden fragmentos filosos que vuelan en todas direcciones. Para terminar, raspa la pared y quita cualquier residuo de adhesivo o cemento viejo para dejar la superficie suave y lisa para el nuevo embaldosado.

COLOCAR

En general, es mejor si el área para alicatar tiene una disposición para acomodar simétricamente las baldosas, para que puedas trabajar de la parte central hacia afuera. Como sea, esto puede no ser siempre apropiado porque es difícil cortar piezas estrechas de baldosa para adaptarlas a espacios pequeños o a los bordes. Mide el área cuidadosamente. Si el área es bastante pequeña, puedes hacer una plantilla de papel y extender las baldosas todo alrededor para encontrar el mejor arreglo. Si es un espacio más grande, haz un patrón de alicatado. Acomoda cuatro o cinco baldosas completas con espaciadores junto a una tabla de madera; luego marca los lugares en la tabla. Sostén el patrón sobre la pared y te será posible calcular cuantas baldosas cabrán en determinada área.

ALICATAR REVESTIMIENTOS DE DETRÁS DE LOS GRIFOS

66

Las paredes que están detrás de los grifos en la cocina, el baño o los cuartos de servicio, necesitan ser protegidas de salpicaduras de agua que eventualmente pueden causar daños en la pintura o el empapelado. Las baldosas cerámicas son perfectas para esto porque son a prueba de agua y no necesitan agua para limpiarse.

> ⓘ Cuando la preparación de la superficie esté terminada, extiende una capa de cemento adhesivo para baldosas sobre la superficie que va a ser alicatada usando una esparcidora dentada. Presiona la esparcidora sobre el cemento, luego avanza lentamente a lo largo formando pequeños relieves. No pongas capas muy gruesas de cemento o las baldosas no se pegarán apropiadamente. Trabaja en zonas pequeñas cada vez, de otra manera el adhesivo comenzará a secarse antes de que llegues a él.

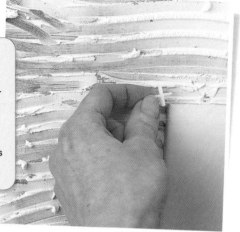

2 Presiona la primera baldosa en su lugar, luego pon los espaciadores en las esquinas. Los espaciadores tienen forma de cruz, están hechos de plástico y aseguran que el espacio entre las baldosas sea uniforme. Continúa poniendo todas las baldosas completas de la misma manera, espaciando cada una cuidadosamente. Estas baldosas son conocidas como las «baldosas de campo».

necesitas

* cemento adhesivo para baldosas
* esparcidora dentada
* baldosas
* espaciadores de baldosas
* cortadora de baldosas
* papel
* lápiz
* recortadora de baldosas
* sierra de baldosas
* gafas de protección
* espátula flexible
* esponja

CONSEJO

Compra baldosas de sobra. ¡Llegar a tener destreza para el cortado de baldosas requiere cierto grado de práctica! Sé esto por experiencia.

3 Cuando llegues a los bordes de la zona de alicatado, vas a necesitar cortarlas para hacerlas caber. Mide con cuidado la baldosa, luego colócala sobre la base. Marca la hoja a lo largo de la baldosa una vez, luego usa el cortador íntegro para presionar y cortar la baldosa a todo a lo largo de la zona marcada. Esto no es necesariamente tan fácil como parece y lleva un poco de práctica – pero si perseveras, rápidamente te volverás una experta.

4 Haz plantillas de papel para cualquier lugar difícil como el contorno de un tubo y luego dibuja alrededor de la forma con un lápiz sobre la baldosa. Para adaptar completamente alrededor de un tubo, primero corta la baldosa y luego dibuja la forma sobre ambos lados de cada borde cortado.

5 Usa la recortadora de baldosas para cortar zonas pequeñas. Contrae los mangos de la recortadora firmemente y cortará en el borde, lo que te permite hacer formas pequeñas y curvas en la baldosa.

✳ NO FUE TAN DIFÍCIL, ¿VERDAD? CONTINÚA, HAY UN POCO MÁS QUE HACER EN LA PÁGINA SIGUIENTE...

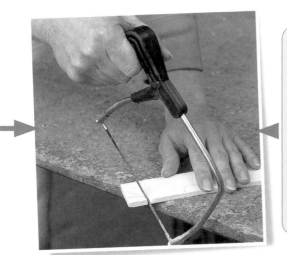

Espátula

6 Como otra posibilidad puedes usar una sierra para baldosas para cortar sobre las líneas marcadas. Esta herramienta tiene una hoja redondeada, así que es fácil seguir las curvas. Coloca la baldosa sobre el banco de carpintero o en el borde de una mesa, luego sierra lentamente a lo largo de las líneas. Tómate tu tiempo para hacerlo; las baldosas son bastante frágiles y pueden romperse cuando las tratas bruscamente.

7 Acomoda las baldosas alrededor de los obstáculos, como en el ejemplo del tubo. Primero corta la baldosa o vertical o horizontalmente, luego corta un semicírculo en ambos pedazos para que cuando se junten formen un agujero para el tubo.

8 Cuando todas las baldosas estén en su lugar y estés completamente satisfecha, aplica cemento a los espacios entre las baldosas usando una espátula flexible. Presiona el cemento con fuerza en cada espacio para que no haya espacios vacíos. Los espaciadores de plástico están diseñados para dejarse dentro, por lo que no necesitas quitarlos antes de aplicar el cemento.

El noveno mantra de la decoración...El cemento es bueno. ¿Los primeros ocho? Ya se me olvidaron.

ADVERTENCIA

☞ Es buena idea que uses gafas protectoras cuando cortes baldosas, cualquier fragmento filoso puede salir volando. Además, las hojas para cortar pueden ser filosas, por lo que cuida de no cortarte los dedos.

9 Con una esponja húmeda limpia el exceso de cemento, luego enjuaga la esponja y limpia muy bien la baldosa. Es mejor hacer esto tan pronto como termines el trabajo porque puede ser difícil quitar el cemento de la superficie cuando se haya secado completamente.

¡Ahora cualquier cosa es posible!

ALICATAR EL CUBÍCULO DE LA BAÑERA

67

El principio para alicatar es el mismo para zonas pequeñas como para zonas grandes. Cuando te sientas segura, ¿por qué no intentar hacer un proyecto más ambicioso? Cuando el cubículo de la bañera esté terminado, probablemente vas a querer agregarle algunos accesorios, como un estante para el jabón y el champú, por ejemplo.

¡NI SIQUIERA NORMAN BATES PUDO ROBAR ESTA BAÑERA!

Cubículo de la bañera

BALDOSAS ENTERAS EN LA PARTE EXTERIOR

BALDOSAS PARTIDAS A LA MITAD EN LAS ESQUINAS INTERNAS

ESTRUCTURA DEL TRABAJO

1 Es importante usar tapaporos alrededor de los bordes de cualquier área embaldosada para evitar infiltraciones debajo o detrás de las baldosas. El tapaporos de goma de silicona está especialmente diseñado para este tipo de propósitos. Es flexible, a prueba de agua y se vende en prácticos tubos o pistolas. Sólo tienes que aplicar dentro del lugar y luego quitar los residuos con un dedo humedecido o con la parte de atrás de una cuchara.

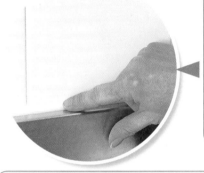

2 Todo los portapiezas se venden con los accesorios necesarios, como tornillos y tacos. Todo lo que tienes que hacer es taladrar los agujeros. Las baldosas de cerámica tienen una superficie vidrada bastante resbalosa, por lo que vas a necesitar poner un pedazo de cinta adhesiva sobre el lugar donde vas a taladrar el agujero para evitar que el taladro no resbale.

3 Cuando la cinta adhesiva esté puesta, marca con un lápiz una cruz en la posición del agujero y comienza a taladrar. La cinta evitará que el taladro se resbale y permite también que taladres agujeros bien definidos.

1 La idea es colocar el mayor número posible de baldosas enteras y luego usar baldosas cortadas para llenar cualquier espacio. Si el cubículo tiene dos lados, comienza desde el borde exterior y trabaja hacia el interior. Se ve mejor usar baldosas cortadas en la esquina que a lo largo del borde exterior.

2 Si la zona para alicatar tiene dos esquinas sigue el mismo método para los dos lados, usando baldosas enteras en los bordes en dirección a las esquinas interiores. Para la pared de atrás, marca una línea central y luego comienza a trabajar desde ahí en ambas direcciones hacía cada esquina.

¡ESTO REPRESENTA UN RETO PERO MERECE EL ESFUERZO!

$$$

Revestimiento de mosaico

68

EN MI OPINIÓN, si una cosa merece la pena hacerse, entonces merece hacerse con todo el esmero y el esfuerzo. ¿Por qué tener un espejo viejo y simple en la pared de tu baño cuando puedes tener uno tan maravilloso y glamuroso como este? Hay una enorme selección de mosaicos en colores preciosos y relativamente baratos, además de que realmente no necesitas muchos. Los que yo uso están hechos de cristal y se conocen como teseral vidrioso. También uso baldosas vidriadas, del tipo usado en los baños. Este tiene que ser cortado en tiras y luego en rectángulos para formar el diseño. Espero que este proyecto te inspire para que intentes hacer tú misma algo creativo con el mosaico.

necesitas

* hoja de madera coprimida de 61 mm x 91 mm y 9mm de grueso
* papel y lápiz
* mascarilla antipolvo
* sierra alternativa
* espejo oval cónico de 35 cm x 45 cm
* almohadillas para pegar resistentes con ambos lados adherentes
* cortador y recortador de baldosas
* alrededor de dos kilos de mosaico teseral en varios azules
* seis cuadrados de 15 cm de baldosas vidriadas
* herramienta para cortar cristal
* regla de metal
* cemento para embaldosar
* espátula
* esponja y cepillo de dientes viejo
* papel de lija
* destornillador
* soportes y tornillos
* taladro con broca
* tacos

Recortadora pequeña

1 Dibuja la plantilla del cristal siguiendo el dibujo de la página 182. Delínea el contorno en la hoja de madera comprimida. Ponte la mascarilla antipolvo, coloca la hoja de madera comprimida en tu banco de carpintero y con la sierra alternativa corta con cuidado la forma delineada.

2 Marca ligeramente la posición del cristal sobre la hoja de madera comprimida y hazle algunas líneas de dibujo básicas o inventa algunas formas tú misma. Coloca el el cristal en su posición con las almohadillas de ambos lados adherentes. Con el recortador corta algunas baldosas teserales en cuatro. Para hacer esto, sujeta la baldosa con una mano, luego «muérdela» en el borde para romperla a la mitad, luego corta las mitades a la mitad. Corta más en la medida que vayas rellenando los espacios para dar la forma de tu diseño. Para las piezas de cristal, marca con el cortador de cristal a lo largo de la baldosa en línea recta (usa una regla de metal), luego dobla en las tiras para cortar. Corta las tiras en pedazos más pequeños.

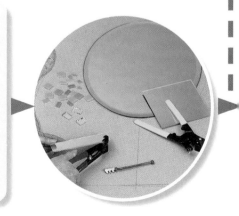

3 Aplicando el adhesivo en pequeñas secciones a la vez, distribuye y arregla con cuidado las piezas de mosaico y las baldosas cortadas de cristal de acuerdo con el dibujo. Usa la plantilla y el dibujo como guía. Utiliza rectángulos de cristal y cuadrados pequeños para los bordes del revestimiento y para los remolinos, luego rellena los espacios vacíos con tesaral de colores.

4 Acomoda todas las piezas de las baldosas a tu completa satisfacción, luego déjalas secar toda la noche. Aplica cemento al mosaico con un esparcidor flexible para rellenar los espacios entre las baldosas y también a lo largo del borde exterior de la forma.

5 Con una esponja húmeda, quita todo el exceso de cemento y deja secar otra vez. Pon cemento de nuevo en los huecos que hayas dejado antes, luego limpia con la esponja. Ahora vas a tener que trabajar bastante con el cepillo de dientes para limpiar cualquier pedazo de cemento en todas las piezas vidradas para que todo quede limpio y brillante. Para finalizar, suaviza con el papel de lija el borde exterior del cristal.

6 Atornilla los soportes en la parte de atrás de la hoja: luego marca la posición de los agujeros para los tornillos en la pared. Taladra los agujeros, inserta los tacos y atornilla tu nueva salpicadera de mosaico vidriado en su lugar.

❋ PONTE PINTALABIOS Y SAL A LA CALLE – ¡DESPUÉS DE TODO NO ESTUVO TAN MAL!

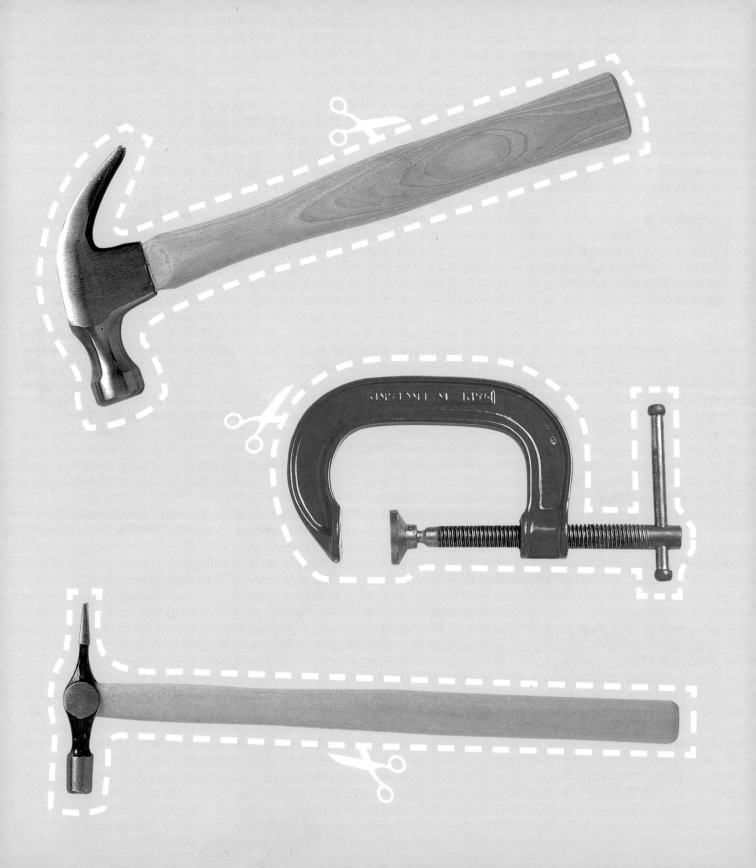

ALMACENAR

¡Mantener todo en su lugar! formas ingeniosas de crear espacios para guardar o almacenar y proyectos inteligentes que te ayudarán a tener tus cosas ordenadas y bien guardadas

Poner orden

¡**LA BUENA ORGANIZACIÓN** es la llave del éxito! Yo soy una de esas personas a las que les gusta tener todas las cosas bien ordenadas – 'un lugar para cada cosa y cada cosa en su lugar'. No hay nada más molesto, especialmente cuando tienes prisa, que perder tiempo buscando lo que necesitas entre un montón de cosas. En esta sección encontrarás varias ideas ordenadas para un hogar aún más ordenado.

ALMACÉN `ORDENAR`

Puedes poner estantes en cualquier parte – y luego, con unas puertas puedes ocultar lo que sea dentro. Además es fácil aprovechar los espacios desperdiciados debajo de la cama o las escaleras y utilizarlos como cajas para guardar cosas – incluso puedes hacer una en la cual te puedas sentar (ver páginas 120-21). Es mejor incluso si es una caja con ruedas, por lo que no importa lo pesada que sea, tú siempre puedes moverla por todas partes.

AÑADIR ESTANTES A UN ROPERO O A UNA ESTANTERÍA `69`

Si como yo, no puedes resistir las gangas, tal vez te has encontrado a medio camino un ropero viejo casi regalado y te lo has traído a casa. Este tipo de armario tiende más a tener ganchos para colgar que perchero, por lo que para aprovechar mejor el espacio, añádele algunos estantes para guardar ropa (o una barra para colgar – ver en la página siguiente). Prueba a poner estantes a lo largo del ropero o sólo colocar uno en la parte inferior para ordenar mejor tus zapatos.

❊ ¡AHORA QUE TENGO MÁS ESPACIO PARA GUARDAR, PUEDO COMPRAR MÁS ROPA!

necesitas

* tablas de conglomerado o estantes de madera cortados a la medida
* lápiz
* cinta métrica
* tiras de madera suave
* sierra
* taladro con broca y con broca avellanada
* punzón
* tornillos
* destornillador

❶ Mide la posición de cada estante en la parte superior de la estantería, luego márcala con el lápiz. Haz esto en ambos lados de la estantería. Corta las tiras de madera suave a la medida; luego corta un extremo de cada pieza a un ángulo de 45 grados. Marca con el lápiz. No necesitas usar el nivelador porque no es necesario que el estante esté nivelado al piso, sólo que esté en ángulo con la estantería.

2 Taladra agujeros normales y después agujeros avellanados en un tercio y dos tercios de la longitud de la tira de madera. Luego sosténla al nivel de la línea del lápiz. Ahora marca la posición del agujero para el tornillo con el punzón.

3 Atornilla cada tira en su posición. Cuando todas las tiras estén bien atornilladas en su lugar, coloca los estantes para terminar el trabajo.

AGREGAR PERCHEROS

El espacio debajo de un estante en una hornacina, especialmente en la recámara, puede resultar un espacio muy útil para colgar chaquetas y abrigos. Pregunta si en tu tienda de bricolaje tienen percheros cromados y encajadores. Los percheros los puedes conseguir de varias longitudes y se pueden cortar fácilmente con una sierra.

1 Coloca uno de los encajadores cromados en una de las paredes a la altura deseada. Marca el lugar de los agujeros para tornillo con un lápiz. Haz lo mismo en el otro lado de la hornacina con el otro encajador.

CONSEJO

Usa el mismo tipo de barras y accesorios al poner los percheros en la estantería.

2 Mide a través de la hornacina, luego corta el perchero con la sierra según la medida para que encaje bien entre las paredes. Prueba que el perchero quepa bien y haz cualquier ajuste necesario. A esta altura puedes usar el nivelador para verificar la posición correcta y que el perchero esté perfectamente horizontal. Ahora taladra todos los agujeros para los tornillos e inserta los tacos.

necesitas

* perchero cromado y encajadores
* cinta métrica
* punzón y lápiz
* sierra
* taladro
* tacos y tornillos
* destornillador

3 Mete la barra en cada encajador y colócala en su posición. Atornilla con firmeza ambos encajadores en su lugar para sostener el perchero.

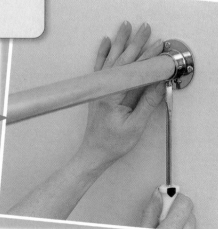

Hacer puertas para estanterías descubiertas

71

LAS ESTANTERÍAS DESCUBIERTAS, especialmente en zonas pequeñas, pueden parecer poco decorativas cuando están llenas de papeles, libros viejos o juguetes de los niños. La solución: ¡ocultarlas con puertas! Agregarle puertas a los estantes es una alternativa barata, y es ideal para desenvolver un poco tu creatividad si te sientes inclinada. Yo tenía antes unas puertas con diseño 'yin y yang', pero estaban bastante descuidadas. Ahora ya las arreglé y se ven con más 'imagen de mujer' – bueno, en un sentido abstracto. Pero puedes también hacer sólo unas puertas sencillas – la elección es tuya.

necesitas

* estantería abierta
* hojas de 15 mm de madera comprimida
* lápiz y regla
* sierra alternativa
* mascarilla protectora
* papel de lija
* taladro con broca plana de 2.5 cm
* pintura satinada en dos tonalidades
* brocha
* cuatro bisagras plegables
* punzón
* tornillos

* ¡NO EXAGERES CORTANDO FORMAS CURVADAS... LA SIERRA ALTERNATIVA ES UNA HERRAMIENTA ELÉCTRICA POTENCIALMENTE PELIGROSA!

1 Cuando compres la madera comprimida, pide en la maderería que te la corten al tamaño de la parte frontal del librero; esto te ahorrará tiempo y esfuerzo. Para comenzar, divide el rectángulo de la madera comprimida a la mitad con el lápiz y la regla. Luego diseña una línea aproximadamente al centro de la madera. Las dos mitades necesitan estar simétricas.

2 Apoya la puerta en el banco de carpintero o en una superficie adecuada, luego corta con cuidado a lo largo de la línea marcada con la sierra alternativa – y usando, por supuesto, la mascarilla protectora. Lija los bordes cortados para suavizar. Cuando pintes las puertas, aumentará, tal vez 1 mm de grueso en el borde, por lo que es mejor lijar bien y bastante para que las puertas se acoplen perfectamente.

RESPIRA HONDO Y PRESIONA CON FUERZA... TODO SALDRÁ BIEN.

Broca plana

3 Con el taladro y la broca plana, taladra un agujero del tamaño de un dedo en cada puerta. La posición del agujero dependerá de la forma de las puertas. Pon un pedazo pequeño de hoja de lija en un objeto cilíndrico y luego lija los agujeros para suavizar.

4 Pinta cada puerta de diferente color. Aplica dos capas dejando cada una secar antes de aplicar la siguiente. Marca la posición de las bisagras y con el punzón marca los agujero piloto para los tornillos. Atornilla las bisagras primero a la parte de la puerta, luego fija las puertas a la estantería. Verifica que las puertas abran y cierren perfectamente. Si cualquier parte del borde curvo raspa o se atasca, sólo tienes que lijar la zona del problema y pintar de nuevo.

* PICASSO, ¡CHÚPATE ESA!

¡Los radiadores también son una oportunidad para poner estanterías!

ACONDICIONAR UN RADIADOR PARA HACER UNA ESTANTERIA

72

Los radiadores pueden ser objetos bastante simples e insulsos – funcionales seguro, pero no necesariamente objetos que hayas elegido por estéticos. Las cubiertas para radiadores se venden en varios tamaños y estilos a compañías que las entregan por correo. Llegan en paquetes con todas las intrucciones y accesorios. La mayoría tienen paneles de conglomerado perforado o marcos de conglomerado. Todas las superficies están inacabadas, por lo que puedes pintar la cubierta en cualquier color que quieras. No sólo porque el radiador sea feo sino porque también sirve como superficie para guardar cosas.

1 Después de estudiar cuidadosamente las instrucciones, te habrás familiarizado con todos los componentes y accesorios. Comprueba que tienes los accesorios que se supone debes tener; luego saca todo, colócalo en el suelo y comienza a construir siguiendo las instrucciones al pie de la letra. ¡No intentes saltarte pasos porque con toda seguridad te vas a meter en problemas!

necesitas

* cubierta de radiador
* mazo de goma
* destornillador (las instrucciones te informarán si necesitas algun equipo complementario)
* pintura y brocha

❋ ¡NO CREO QUE DEBA PINTARTE CON UN ROSA DEMASIADO FUERTE!

2 Todas las piezas están sin acabar, por lo que puedes pintar la cubierta del radiador del color que quieras. Usa la brocha para las partes móviles o las formas contorneadas y un rodillo pequeño para la parte con perforaciones.

COLOCAR ESTANTES A LOS RADIADORES

Los estantes de los radiadores intentan prevenir las marcas fuliginosas que aparecen en la pared de atrás y de abajo del radiador. Ademas pueden servir para guardar o poner cosas tales como llaves u objetos decorativos, especialmente en vestíbulos. Estos estantes los puedes adquirir de diferentes tamaños y se venden con los tornillos para los soportes y los tacos necesarios para colocarlos. Los soportes de metal para estanterías son diferentes a todos los demás en que tienen postes que encajan dentro de los agujeros taladrados en los estantes. De esta manera no tienes que quitar el radiador para hacer que los soportes queden en ángulo.

necesitas

* estante de radiador con accesorios
* lápiz
* nivelador
* taladro y broca
* destornillador

CONSEJO

Estos estantes también los puedes usar en otros sitios, porque las soportes no se ven.

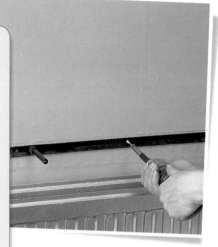

1 Dibuja una línea con el lápiz sobre la pared a alrededor de 10 cm debajo de la parte superior del radiador para marcar la posición de los soportes de los estantes. Usa el nivelador para comprobar que la línea sea completamente horizontal. Sujeta el soporte contra la pared nivelándolo con la línea de la pared. Marca todos los lugares de los agujeros para los tornillos con el lápiz. Quita el soporte. Taladra los agujeros e inserta los tacos. Usa los tornillos que venían en el paquete de la cubierta para fijar el estante en la pared.

2 Los tres soportes con dientes deberán encajar perfectamente en los tres agujeros taladrados en la parte de atrás del estante. Sujeta el estante frente al soporte, alínea los dientes a los agujeros, luego empuja el estante para introducirlos. Esto asegurará con bastante fuerza, por lo que no se necesitan tornillos o accesorios adicionales. Es importante saber que a pesar que el estante va a estar bastante seguro, no es buena idea apilarle objetos demasiado pesados.

3 Los estantes de los radiadores están hechos de madera comprimida y normalmente tienen un acabado de melanina o de madera. Para pintarlo, talla la superficie con papel de lija y luego pinta con productos adecuados para la melanina.

❋ ¡AL FIN, UN LUGAR DONDE PONER MIS TROFEOS DE GOLF!

❋ ¡HUM!, ¡QUÉDATE TU CON TUS TROFEOS!

Ahora deja que tu imaginación corra salvajemente...

IDEAS ADICIO-NALES PARA LAS ESTANTERÍAS

74

En las páginas anteriores se han descrito sólo los métodos básicos para crear un espacio para estantes en tu casa. Pero todavía hay un enorme panorama donde soltar tu imaginación en lo que se refiere a estanterías – ¡no estás condicionada solamente a las tiendas de bricolaje, lo sabes! Investiga un poco por tu vecindario para encontrar partes y piezas que puedan resultar interesantes y útiles. Echa un vistazo en los lugares donde pueda haber material de estantería que han sido descartados y que puedas modernizar o adecuar. Los patios de las constructoras siempre tienen materiales que pueden servir y con los que puedes usar tu imaginación.

USAR LADRILLOS COMO SOPORTES PARA ESTANTES

Las estanterías no necesitan estar pegadas a la pared o al piso, sólo necesitan estar solidamente construidas. Esta es una excelente solución si lo que necesitas es un espacio temporal para guardar. Compra algunos estantes de pino o corta algunos de madera comprimida, píntalos, luego usa ladrillos comunes y corrientes como soportes en cada extremo – y en la mitad si los estantes son demasiado largos. Acomoda los ladrillos en grupos de cuatro o más, dependiendo del tamaño del estante. También los ladrillos de cemento funcionan bien. Acomoda los estantes con mucho cuidado asegurándote de que que estos estén bien nivelados – ¡y no los hagas demasiado altos!

✳ ¡GOLPEA MIS ESTANTES O INTENTA TIRARLOS Y ES UN MAZO DE GOMA EL QUE CAERÁ!

¡UNA CAJA ENCONTRADA EN LA CALLE SE PUEDE CONVERTIR EN LA BASE DE UNA LIBRERÍA PONIÉNDOLE UN ESTANTE DENTRO. ¡Y LA PARTE SUPERIOR PROPORCINA TAMBIÉN OTRO ESPACIO PARA COLOCAR COSAS!

USAR LADRILLOS DE VIDRIO

Estos ladrillos transparentes se han vuelto recientemente muy populares. Son muy usados en revistas de estilo y en todo tipo de decoraciones de interior. Al principio sólo los había en vidrio transparente, pero ahora ya están disponibles en una amplia gama de colores. Úsalos individualmente como soportes de estantes.

ESTANTES DE MADERA RECICLADA

Si te has decidido por las tiras de madera y las hornacinas en tu aproximación a la creación de estantes, antes de que te vayas de cabeza a la sección de conglomerado de la tienda de bricolaje, piénsalo de nuevo. El estante puede estar hecho de cualquier cosa con tal de que sea recto y lo suficientemente resistente para llevar algo de peso.

Considera, por ejemplo, las tablas de andamiaje. Revisa en la lista telefónica para buscar una compañía de andamiaje; ellos normalmente venden tablas en buen estado por relativamente poco dinero. Sólo tienes que cortar a la medida, lijar cualquier parte que raspe y luego equilibrar las tiras en tu hornacina. Puedes dejar la madera en su color natural o pintarla.

Otra posibilidad podría ser pedirle al comerciante de madera que te corte algunos estantes de madera seca que puedan estar en su patio trasero – si tienes suerte, él dejará la corteza en un extremo. Esta al final se caerá, pero el borde de abajo tendrá unas muy atractivas líneas naturales.

Otras pequeñas joyas que puedes descubrir son los tablones viejos del piso. Los bien conservados están llenos de caracteres. Sólo líjalos y aplícales como acabado cera natural. Perfecto.

Tabique de vidrio

COMBINA ESTANTES DE VIDRIO CON SOPORTES CROMADOS PARA CREAR UNA IMAGEN SUPER A LA MODA. PIENSA TAMBIÉN EN GRABADOS O EN VIDRIO PINTADO.

OTRAS IDEAS FABULOSAS PARA ESTANTES

UNA CHICA NO PUEDE TENER DEMASIADOS ESTANTES

☞ Estantes de vidrio: estos pueden comprarse en estuche en las tiendas de bricolaje, o pídele al vidriero que te corte algunas de la medida que quieras. Dile al vidriero que planeas usar las piezas para hacer estantes y él te proporcionará el cristal más resistente y seguro y con los bordes pulidos.

☞ Estantes empaquetados: sólo tienes que adecuarlos a tu gusto. ¿Qué te parece la pintura con efectos metálicos, o los bordes con dibujos, o arreglos hechos por ti misma o un acabado con pintura?

☞ Una gran maceta de terracota: en un estilo similar a los ladrillos, ¿por qué no usarlas como soporte de estantes? Quedan fantásticas en el jardín, en la terraza o el balcón como estantería para plantas. Déjalas como están o píntalas con pintura de emulsion.

Hacer una caja-asiento para guardar cosas

75

UNA CAJA-ASIENTO para guardar objetos es un objeto de doble propósito – pueden estar llenos de cosas y al mismo tiempo sentarte sobre él. La estructura se construye con madera barata, se le pega en la parte de arriba un cuadrado de hule-espuma y luego todo es cubierto con terciopelo. Ponle ruedas doradas en las patas y una borla sólo por diversión. Ve si en tu tienda local de bricolaje tienen algunos recortes de madera barata y pídeles que te la corten a la medida que quieras. Ve las dimensiones exactas en el cuadro de abajo y básate en la plantilla de la página 183.

¡ES TODAVIA MÁS FÁCIL SI TE CORTAN LA MADERA A LA MEDIDA!

1 Para hacer una caja de 50 cm cuadrados, pega las cuatro piezas juntas usando un adhesivo instantáneo. Taladra y avellana agujeros cerca de la parte superior, inferior y en la mitad de cada juntura. Insértale los tornillos para asegurar las junturas. Usa un paño húmedo para limpiar el exceso de pegamento que se pudo haber salido de las junturas después de que los tornillos fueron insertados.

necesitas

* piezas de madera de 15 mm de grueso
* pegamento instantáneo
* taladro con broca y broca avellanadora
* tornillos de madera
* pegamento de madera
* 2 m de terciopelo
* hilo y aguja o maquina de coser
* grapadora
* cuatro patas de madera en forma de moño
* atomizador de pintura dorada
* un pedazo de hule-espuma de alta densidad de 50 cm x 50 cm y 10 cm de grosor
* 1 m de tela de lino en colores contrastantes
* dos bisagras plegables de cobre
* borla dorada

2 Pon pegamento en la base de los lados para formar la estructura básica. Taladra agujeros en intervalos de 10 cm alrededor de los bordes y mete los tornillos en cada agujero para asegurar la base. No es preciso avellanar estos agujeros porque están en la parte inferior de la caja.

Dimensiones

Base y tapa
50 cm x 50 cm cuadrados

Parte frontal y trasera
50 cm x 30 cm

Lados x 2
47 cm x 30 cm

Espuma
50 cm x 50 cm cuadrados, 10 cm de profundidad

3 Corta una tira de terciopelo lo suficientemente larga para envolver toda la caja (incluyendo 15 mm de espacio para la costura), dejando 10 cm extra en el borde superior y alrededor de 5 cm en el borde inferior. Puedes necesitar unir pedazos de tela para lograr la longitud correcta. Junta los pedazos a los lados correctos para formar un cilindro con el tejido. Usa la máquina de coser o dale unas puntadas a mano para hacer las costuras. Desliza la cubierta de terciopelo alrededor de la caja – debe quedar ajustado. Dobla hacia adentro el borde desigual alrededor del borde superior; luego cubre la parte superior de la caja. Usa la grapadora para fijar el tejido en su lugar. Ponla boca abajo y asegura el borde inferior al lado de abajo de la misma forma.

4 Con el atomizador pinta las patas con la pintura de dorado metálico y déjalas secar. Taladra un agujero lo suficientemente grande para encajar las patas. Cuando compres las patas de moño, también debes comprar accesorios de metal con dientes aseguradores de un lado. Desliza uno sobre la esquina interior así como atornillaste la pata en su lugar, clava aranceles dentro de la madera y luego sujeta la pata firmemente.

❋ ENTONCES, ¿QUIÉN ERA LA CHICA LISTA?

5 Corta un pedazo de terciopelo de unos 18 cm más grande que toda la extensión de la tapa. Ponla al revés sobre tu superficie de trabajo, colócale encima el hule-espuma, luego pon la tapa en la parte de arriba del hule-espuma. Estira la tela para apretar alrededor de cada lado de la tapa, luego pégala con la grapadora. Dobla el terciopelo en las esquinas para crear una forma alisada; recorta el tejido sobrante de las esquinas para evitar que se abulte. Corta un cuadrado de tela de lino un poco más grande que la tapa. Dale la vuelta a todo el borde desigual y grápalo o pégalo a la parte de abajo de la tapa para cubrirlas.

6 Corta una tira de tela para acomodarla dentro y un cuadrado para ponerlo en la base, dejando 15 mm para la costura en todos los bordes. Cose la tira para formar un cilindro, luego cose la base para formar una bolsa de forma cuadrada. Mete la bolsa dentro de la caja. Dobla 15 mm sobre el revés alrededor del borde de arriba. Luego grapa o pega al interior. Atornilla dos bisagras dobles para juntar la tapa a la caja.

7 Atornilla la borla a la parte de abajo de la tapa en la parte del frente.

Crear espacios para almacenar cosas

APROVECHAR EL ESPACIO DESPERDICIADO

Echa un vistazo a tu alrededor. ¿Puedes encontrar algún lugar que no esté aprovechado al máximo? La mayoría de las casas están llenas de lugares de todos los tamaños que fácilmente pueden convertirse en sitios para almacenar o guardar cosas. No tienen que ser cuadrados – con un poco de paciencia puedes construir unidades pequeñas que quepan en cualquier forma o espacio. Lo único que tienes que hacer es construir una estructura de tiras de madera, luego corta una puerta según la medida y pégala con bisagras. ¡Cuando la hayas llenado con ropa nueva, puedes comenzar a pensar en más lugares para convertir en espacios para almacenar!

PUERTAS DE ADOBE

Mira en dirección al cielo – ¿hay alguna habitación dónde colocar estantes encima de las puertas o una barra para colgar? Esta es una fantástica idea si tienes montes de libros que no necesitas tener a mano pero de los que no te quieres deshacer. Además crea un espacio muy bonito para exhibir todas aquellas piezas o cosas que has coleccionado durante mucho tiempo.

ESQUINAS

En mi opinión estas son zonas muy poco atendidas. Puedes construir tu propia estantería forma L o gabinetes de esquina, o escoger alguno de los muchos que hay disponibles en las tiendas. Date una vuelta por tiendas de segunda mano, puedes encontrar unidades bastante resistentes que luego puedes adaptar según tu gusto y las necesidades del espacio.

✳ ¡SIMPLEMENTE NO TENGO NADA QUE PONERME!

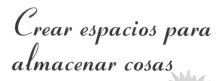

USAR GANCHOS Y RIELES

☛ Atornilla ganchos en el lado de abajo de los estantes y cuelga un guarda-loza para crear un espacio extra para tazas, jarras u otro tipo de utensilios de cocina.

☛ Coloca barras para toallas a los lados de la estantería de la cocina o debajo de los estantes para poner las esponjas para lavar los platos, colgar los paños, cepillo o cualquier otro accesorio de cocina.

☛ Ve si en tu tienda de bricolaje tienen ganchos grandes y resistentes para colgar sillas replegables, la bicicleta o la escalera manual cuando no la uses.

LOS CAJONES DE DEBAJO DE LA CAMA ESCONDEN TODO EL DESORDEN.

CUELGA COSAS EN LAS PAREDES CON GANCHOS Y RIELES RESISTENTES.

ALACENAS DEBAJO DE LAS ESCALERAS

El espacio triangular de debajo de las escaleras ha sido tradicionalmente el lugar para las escobas, la aspiradora y los abrigos viejos. Eso está bien si tienes una puerta que lo tape todo. Pero piensa de nuevo – realmente es un desperdicio de espacio, y estoy segura de que debe haber algún otro lugar para la aspiradora y los abrigos.

MINIDESPACHO

El número de personas que ha decidido trabajar en casa se ha incrementado rápidamente, pero con frecuencia no hay espacio suficiente para un despacho completo. Tal vez lo que se necesita es una pequeña oficina compacta debajo de las escaleras. Y luego, si realmente necesitas una separación entre tu lugar de trabajo y el resto de la casa, simplemente cuelga una cortina o un panel de tejido con refuerzo, y cuando termines de trabajar, la diversión puede comenzar.

¡Acuérdate de la inclinación de la escalera! ¡no saltes de repente de la silla en un apuro!

✽ ¡HUM! ¡ESTE TÍO ES DEFINITIVAMENTE UN DESPERDICIO DE ESPACIO!

CONSEJO

Si no tienes espacio suficiente para un minidespacho, el rincón de debajo de la escalera puede ser el lugar ideal para los estantes del equipo de sonido o televisión, o incluso para aquella colección de discos de vinilo de la que no te quieres deshacer.

$ $

Proyecto de almacén para debajo de la cama 77

EL ESPACIO de debajo de la cama puede ser un enorme lugar para almacenar cosas – así que no lo desperdicies. Meter todo lo posible debajo de la cama cuando arreglas descuidadamente tu habitación dificulta mucho las cosas cuando necesitas encontrar algo que se ha metido hasta el fondo de la cama. ¡Lo que tú necesitas es algo con ruedas! Lo único que necesitas hacer es construir una caja no muy honda del tamaño de la parte inferior de la cama, o dos que vayan lado a lado, luego hazle una tapa (para que sea un artefacto antipolvo) y ponle ruedas. Así fácilmente puedes moverla para sacarla, luego levantar la tapa, buscar lo que quieras y rodarla para volverla a meter.

necesitas

* 15 mm de grueso y 6mm de grueso de conglomerado cortado a la medida
* tiras de madera suave
* sierra
* pegamento instantáneo
* taladro con broca, broca avellanada y una broca plana de 2.5 cm
* destornillador y tornillos
* relleno de madera y espátula
* papel de lija
* martillo y clavos
* cuatro ruedas y sus tornillos
* pintura para madera satinada (dos colores) y brocha

1 Corta las tiras de madera suave en cuatro piezas con 6 mm menos que la altura de los lados de la caja. Usa pegamento instantáneo para pegar la tira a cada extremo de los dos lados cortos de las piezas. Acomoda las tablas emparejadas a la orilla de abajo, dejando 6 mm de espacio en la parte de arriba; esto forma soportes para la tapa de la caja así como refuerza el marco.

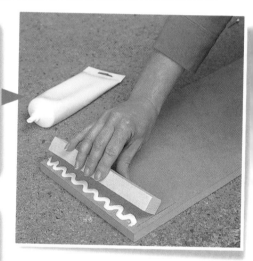

2 Taladra y avellana agujeros y luego inserta los tornillos para pegar las tiras al lado de las piezas.

3 Pega las piezas de los lados cortos a las partes largas frontal y trasera para formar un rectángulo. Taladra, avellana y atornilla las piezas juntas como antes.

4 Usa la espátula y la masilla de madera para rellenar cada uno de los agujeros avellanados. Lija para suavizar cuando el relleno esté seco.

5 Ponla boca abajo, luego pon pegamento sobre la base para crear la forma de caja. Junta la base a la caja martilleándole los clavos.

6 Con el taladro y la broca plana, haz un agujero del tamaño de un dedo en el frente de la caja y dos en la tapa. Envuelve un pedazo de papel lija en un tubo para lijar las orillas.

7 Pon la caja boca abajo y luego, con los tornillos, fija las ruedas a cada esquina de la parte de abajo.

❋ ¡Y AQUÍ ESTÁ UNO QUE HICE ANTES!

8 Dale la vuelta de nuevo y aplícale dos capas de pintura a la parte de afuera de toda la caja, pintando un lado de la tapa y dejando que cada capa se seque antes de aplicar la siguiente. Pinta en la parte de dentro y en la tapa un color brillante y con contraste.

Dimensiones

Corte de 6 mm de madera comprimida

Base x 1

61 cm x 90 cm

Tapa x 1

58 cm x 87 cm

Corte de 15 mm de madera comprimida

Lado largo x 2

90 cm x 20 cm

Lado corto x 2

58 cm x 20 cm

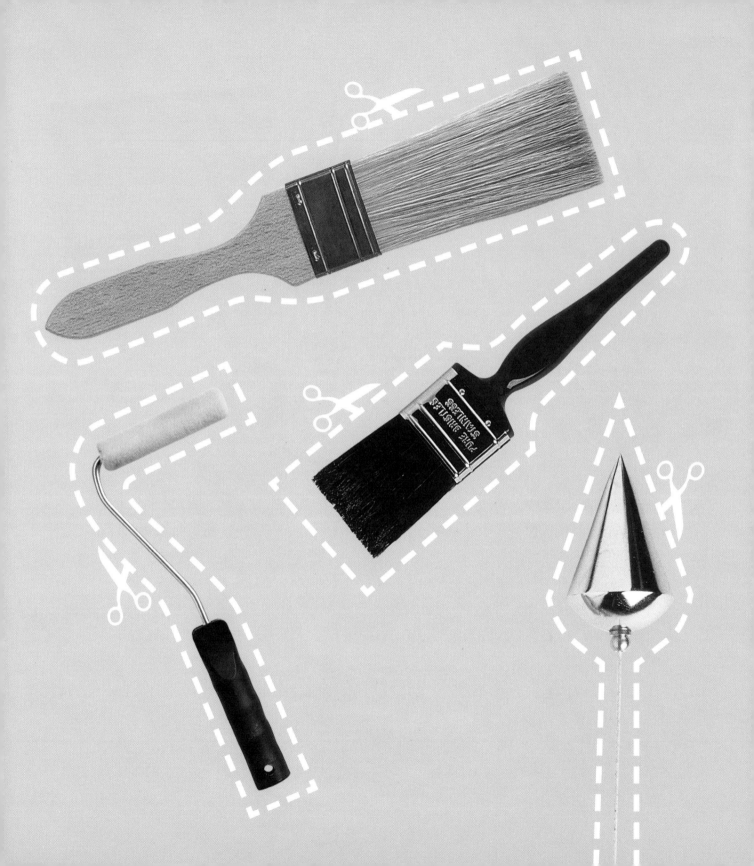

EFECTOS DE PINTURA

Y ahora la parte divertida — la decoración. Haz de tu casa un hogar con trucos decorativos — empapélala, píntala, ráspala, haz dibujos con bolsas de plástico, usa estarcidos o sellos para decorar.

Pintar y decorar

A ESTAS ALTURAS probablemente ya habrás reparado todas las baldosas rotas, arreglado todas las tuberías con goteras y cambiado las puertas viejas de su casa. Sin embargo, todavía hay montones de cosas por hacer. Pequeñas chapucillas, empapelar las paredes, pintar, aplicar efectos de pintura, y todos los preparativos que esto supone. Tener conocimientos básicos sobre bricolaje supone tener asegurada la parte más básica del mantenimiento de la casa, porque cuando algo se rompe o no funciona bien, ahora ya entiendes algo sobre ese tema – y, sobre todo, sabes cómo repararlo. Los proyectos decorativos implican la toma de decisiones en más de un sentido emocional.

PLANTEARSE EL PROYECTO ¡PUES SÍ!

Las posibilidades de tener dinero después de haberte comprado una casa nueva son bastante pocas. Sin embargo, no debes dejar que el dinero, o su falta, frene tu ímpetu creativo. Ahora hay que plantearse las cosas con mucho cuidado: ¿qué es esencial, qué es lo que necesitas, qué puedes arreglar fácilmente y qué puedes decorar con efectos de pintura? A una habitación bien empapelada se le puede dar una manita de pintura que la deja con una cara nueva, y encima es fácil y no te sale

muy caro. Esto puede equilibrar el plato de la balanza para un trabajo decorativo más costosa y de mayor envergadura. El secreto es no gastarte todo el presupuesto de una vez. Piensa en tu casa como en un todo y haz las cosas paso a paso.

UNA OLEADA DE LOCURA

El estilo es una cosa maravillosamente personal. Piensa es tu casa como si fuera un lienzo en blanco y hazle todo lo que se te ocurra. Si tienes las ideas claras, entonces enseguida verás 'qué' debes hacer, y pasarte rápidamente al 'cómo'. Pero si, como yo, la idea de tener tu propio espacio, el no tener dinero, y el ansia de dar rienda suelta a tu imaginación te acaba superando, tal vez debas pararte a hacer algunas consideraciones serias. En un ataque de pánico y pobreza es perfectamente posible que te dé por pintar todo de blanco, y luego colocar estratégicamente una piedra grande con un agujero en medio, y un trozo de madera encontrada

✽ UNA CHICA TIENE DERECHO A SOÑAR, ¿NO?

¡DECIDIR SOBRE LA COMBINACIÓN DE COLORES ES LA PARTE DIVERTIDA! INSPÍRATE HOJEANDO REVISTAS Y LIBROS DE DECORACIÓN.

en la playa, en el rellano de la ventana (como yo hice), en la línea del minimalismo moderno. Claro, que en realidad, no soportaba esta decoración, pero tampoco se me ocurría nada para hacer o de qué color podía pintar el cuarto.

Por muy desesperada que estés por cambiar todo de una vez, deberías tomarte algún tiempo para pensar todo lo que eso supone. ¿Vas a tener tiempo para acabar el trabajo? Por ejemplo, el papel de empapelar con flores en relieve es precioso cuando se pinta de un color brillante como solución rápida, pero ¿seguro que vas a tener tiempo para acabar el trabajo? ¿Estás segura de que vas a poder vivir con el papel a medio arrancar, asqueroso y pegajoso, sobre un fondo irregular y agujereado de estuco rosa durante un mes hasta que tengas ocasión de ponerte de nuevo manos a la obra y acabar el trabajo?

¿QUÉ HAY DEBAJO?

En algunas casas, en especial las que ya tienen algunos años, es aconsejable echar un vistazo al papel antes de empezar a arrancarlo, ¡no sea que, con el papel, arranques también trozos de yeso o estuco! A lo mejor te toca volver a enyesar toda la pared, así que nada de ponerte a arrancar papel como una loca.

A todo el mundo nos encantaría tener paredes perfectamente lisas. Algunas paredes lo son y otras no. En general, si las paredes son un poco irregulares, la solución es el papel tapizado o el revestimiento de papel. Pero si las imperfecciones son mínimas, podrás salir adelante dándole a la pared masilla de relleno y luego pintando directamente encima.

A veces si levantamos cuidadosamente, la capa superior del papel de vinilo, nos encontramos con una superficie perfecta para pintar. La decoración de mi habitacción no me gustaba demasiado, y fue justamente eso lo que hice. Y luego lo pinté de blanco

(otra vez esas moderneces minimalistas). Un truco brillante. Si tienes la intención de probar algunos de los efectos de pintura que se presentan en las próximas páginas, no te preocupes si la superficie no es totalmente lisa porque una superficie un poco irregular no se va a notar luego tanto.

PLANEAR DE ANTEMANO

Es una idea excelente que te cojas una hoja de papel y te hagas una idea de tu proyecto decorativo. Como alternativa, puedes invitar a tu pandilla de amigas y hacer una sesión de lluvia de ideas. Compra montones de revistas de decoración e inspírate en ellas, y luego haz algunos esbozos. Vete a la tienda de bricolaje de tu barrio o de tu pueblo y consigue alguno de esos preciosos catálogos con toda la gama de colores o unos botes de pintura de muestra. Da brochazos al azar por tus paredes para decidir qué colores te gustan más. Se trata de tu casa, tu santuario, tu entorno, por eso deseas que esté lo más bonita posible.

✱ ¡ROSA, ROSA, ROSA Y MÁS ROSA!

PERO, ¿VAS A PODER SOPORTARLO 24 HORAS POR DÍA, 7 DÍAS POR SEMANA?

¡Coge tus herramientas y que empiecen los preparativos!

ORGANÍZATE

El tiempo vuela cuando emprendes un proyecto de bricolaje. Cuando te das un plazo de trabajo, la cuestión más importante debería ser cuánto tiempo es probable que dure todo el trabajo. Puedes hacer trabajillos de media hora o una hora en la tarde-noche o incluso en el tiempo libre disponible el fin de semana. También un trabajo de mayor enver-gadura se puede dividir en pequeñas sesiones, siempre que sea en un sitio que no tienes que usar todos los días. Si es una habitación donde, por ejemplo, hay un montón de trabajo sólo para arran-car el papel, es fácil ir haciéndolo poco a poco, si luego puedes tranquilamente cerrar la puerta y hasta la próxima. Pero nada te sacará tanto de quicio como tener que pasar por encima de mon-tones de trastos y herramientas en la cocina o el cuarto de baño cada día durante varias semanas, si solamente tienes una hora o dos cada fin de sema-na para dedicarte al proyecto. Vale la pena planear esto de antemano para cogerse unos días y acabar el trabajo de una sola vez – después de eso, sen-tirás además una gran sensación de haber logrado lo que te proponías.

PREPARATIVOS

Confucio sabía ciertamente un par de cosas sobre preparativos: 'En todas las cosas, el éxito depende de los preparativos anteriores, sin los cuales esta-mos abocados al fracaso'. Realmente compensa hacerle caso – no me canso de repetirlo. Piensa muy bien en el proyecto antes de empezar, y hazte con todas las herramientas y los materiales para que no tengas que salir luego corriendo hacia la tienda de bricolaje a mitad de trabajo para comprar aquella cosa importantísima, ¡sin la cual estamos abocadas al fracaso!

En general, deberías empezar por arriba y tra-bajar luego abajo. Por ejemplo, pinta primero el techo, luego las dovelas o zócalo del techo, y después las partes en madera, y ahí sí que puedes empezar ya a empapelar o a pintar. El suelo será sin duda el último de la lista. Aun así, hay excepciones. Si tienes la intención de lijar el suelo, entonces hazlo primero – sería una locura hacer toda la parte de decoración, y que luego se cubriese todo de polvo.

Los mismos principios se pueden aplicar si vas a embaldosar el suelo: no debes embaldosar des-pués de haber empapelado, así que coloca las baldosas con cemento antes de ponerte a pintar

o a empapelar. Además intenta hacer primero cualquier otro tipo de trabajos de bricolaje que puedan entorpecer tu labor. Si tienes que abrir un gran agujero en la pared para instalar una tubería o cualquier otro tipo de arreglo, no sería una idea muy buena decorar la habitación antes. Ocúpate primero de los trabajos realmente sucios: no coloques una moqueta lindísima en el pasillo, para luego pasarle por encima la lijadora mecánica con la que vas a lijar el salón. Hazte un planteamiento lógico de las cosas – luego todo encajará en si sitio como un guante.

Recuerda que hacer cualquier cosa tarda siem-pre más de lo que esperabas. Respeta el tiempo de secado para la pintura, el papel tapizado, la masilla de relleno y tómate tu tiempo para todas las limpiezas que vienen después. Intenta organizar un trabajo que te lleve varios días para hacerlo en un orden lógico. Procura acabar de pintar o de colocar el papel pintado al final del día para que se pueda secar toda la noche; así a la mañana siguiente estará listo para el siguiente paso. Antes de pintar, fíjate si la pintura es a base de aceite o de agua. Las pinturas a base de aceite suelen tardar más tiempo en secar, por lo que tendrás que tener esto en cuen-ta si quieres aplicar varias manos.

El tiempo es también una cuestión a considerar si quieres llamar a un profesional del ramo – paga-rás hasta el último minuto de su trabajo (incluidas las pausas para los cafés). Si puedes hacer tú misma todos los engorrosos preparativos, y vaciar la habitación y todo lo que llevaría varias horas, entonces hazlo. Así el experto puede venir y hacer su estupendo trabajo sin trabas ni molestias.

CONSEJO
Tapa siempre la lata de pintura cuando hayas acabado de pintar.

Brochas de especialista

¡Después de tanto trabajo duro, aquí tienes algunos fantásticos trucos de maquillaje!

EFECTOS ESPECIALES

Envejecimiento

☞ Los efectos de envejecimiento usan una técnica abrasiva, bien para retirar frotando una capa de pintura y que se vea la que está por debajo, o bien para imitar el desgaste producido por el tiempo.

Baño de color

☞ Es un delicado efecto de pintura que se crea aplicando una pintura acuosa sobre una base de color con una brocha o esponja.

Dragging o rastreo

☞ Se trazan finas líneas sobre una superficie aplicando un pincel de rastreo o 'flogger' con pintura mezclada con esmalte de veladura sobre una superficie ya pintada.

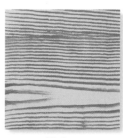

Vetas

☞ Una herramienta de plástico especialmente diseñada para ello se usa para crear un efecto de vetas de madera. Es una idea genial para superficies planas como las tablas de fibras o la melamina.

Mármol

☞ Los efecto de imitación de mármol se pueden conseguir usando pinceles para hacer las vetas de colores, y luego una brocha ancha para estas que se difuminen en el color de fondo.

Trapos

☞ Aplica una mano de pintura, luego otra con pintura y esmalte de veladura. Después sólo tienes que pasar un trapo enrollado sobre la superficie para obtener un dibujo irregular.

Esponja

☞ Usa una esponja natural para aplicar color sobre la primera capa. Los agujeros irregulares en la esponja crearán un sutil acabado moteado.

Picado

☞ Se aplica una segunda capa en un tono que contraste, con una brocha ancha para crear un dibujo de pequeños lunares. Concentra la pintura en algunas zonas para crear un efecto moteado.

A frotar tocan — preparar la madera para que tenga un buen aspecto

PREPARATIVOS PARA PINTAR LA MADERA

78

La preparación es la clave del éxito. Por muy tentador que pueda ser aplicar pintura brillante sobre la pintura de las puertas, los rodapiés o los marcos de las puertas sin retirar la ya existente, el resultado final será por supuesto de menor calidad y puede que incluso decepcionante. La pintura aplicada sin ningún tipo de preparativo se descascarillá enseguida y tendrás que volver a hacer todo el trabajo – al final, los preparativos ahorran tiempo. Las partes de madera pintadas también pueden perder el color con el paso del tiempo, y si piensas volver a pintar o empapelar las paredes, esa horrorosa pintura vieja si no la quitas seguro que tarde o temprano va a delatar tu falta de profesionalidad.

Si la pintura ya existente está en buen estado, es perfectamente posible lijarla suavemente para quitar el brillo y crear una buena base para dar una nueva mano de pintura fresca. Esto puede ser un trabajo duro, te lo plantees como te lo plantees. Frotar o lijar a mano es una ardua labor, pero la verdad es que algunas zonas tienen que hacerse a mano.

BLOQUES DE LIJADO

☞ Cuando se lijan zonas lisas o bordes cuadrados de objetos de madera, es mejor usar una bloque de lijado. Se trata de un trozo de madera o de corcho envuelto con una hoja de papel abrasivo. Pliega y corta la hoja por la mitad, y envuelve con él el trozo de madera. Si tienes que lijar zonas curvas o con molduras, haz llegar el papel hasta la zona con los dedos o en trozo al que hayas dado la forma adecuada, o corta un trozo de espiga o de taco de madera y envuélvelo en papel abrasivo. Las esponjas de lija flexible también son adecuadas para superficies con un contorno especial; sólo tienes que mojarla

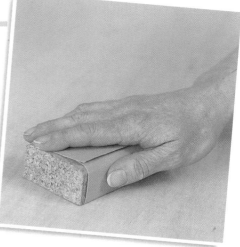

antes de usar, lija la superficie, y luego enjuaga la esponja cuando se llene de polvillo.

El papel de lija se puede comprar en varias gradaciones, de grano fino a muy áspero. Empieza con uno muy áspero, pasa luego el fino.

Abrasivos

El papel de lija se puede comprar en varias gradaciones, que van de grano fino a áspero; puede comprar paquetes con papeles surtidos para que puedas enfrentarte a las mayoría de las tareas del bricolaje. Cuanto más fino sea el papel, mejor será el acabado.

✳ ¡NO HACE FALTA SER TAN ÁSPERO!

LIJADORAS MECÁNICAS

☞ Se trata de unos inventos maravillosos. Las lijadoras de precisión tienen una plataforma de lijado acabada en punta para trabajar en pequeñas zonas o en rincones poco accesibles. Para zonas más grandes, sin embargo, es aconsejable invertir en una máquina mayor como una lijadora de disco o una lijadora orbital. Otra cosa que debemos mencionar es el polvo. Cualquier máquina o forma de lijado produce polvo, por eso, lleva siempre una mascarilla protectora. Algunas máquinas tienen un accesorio que se puede aplicar a una aspiradora. Cuando uses una lijadora, pásala sobre la zona que estés trabajando en movimientos regulares hacia delante y hacia atrás, siguiendo la dirección de las vetas de la madera, sobreponiendo cada pasada a la anterior. Para alcanzar las zonas menos accesibles tendrás que maniobrar con una lija de precisión, para luego trabajar a mano todas las partes que hayan quedado sin lijar.

Si quieres pintar sobre metal, tienes que aplicar las mismas reglas. Lija bien primero con papel abrasivo o papeles húmedos y secos especiales para metal, luego pinta con pintura especial para el efecto.

CONSEJO

Lija siempre siguiendo siempre la dirección de las vetas. Lijar cortando las vetas puede ocasionar pequeños desgarrones que sólo se verán después de que hayas aplicado la pintura o el barniz.

Lijadora orbital

Lijadora de precisión

¡TÍRALA!

RETIRAR LA PINTURA VIEJA

☞ Tal vez tengas la mala suerte de tener que enfrentarte a varias capas de pintura brillante e irregular, o a montones de hendiduras y grietas que reparar. La respuesta en este caso es retirar todo lo que está en la pared. El trabajo, de nuevo, no es moco de pavo, pero vale la pena hacerlo con esmero para conseguir un resultado impecable. Como alternativa, si las grietas son muy pocas y la pintura está relativamente lisa, puedes aplicar masilla de relleno, lijar y luego volver a pintar. Los dos métodos para retirar pintura son los siguientes:

PISTOLA DE AIRE CALIENTE

Esta herramienta mecánica emite un calor fuerte. Apriete el gatillo y apunta a la zona de donde debes retirar la pintura. El calor derrite la pintura, que luego se puede quitar fácilmente raspando con un cuchillo flexible.

DISOLVENTES QUÍMICOS

Los disolventes químicos son caústicos y exhalan vapores un poco molestos, por eso lleva siempre guantes y trabaja en un espacio bien ventilado. Aplica directamente el disolvente sobre la zona, y luego déjalo durante el tiempo indicado. La pintura se ablandará y empezará a levantarse en forma de burbujas, momento en el cual te será fácil quitarla con un cuchillo o rasqueta. Usa una pequeña brocha o una esponja de alambre para zonas delicadas. Neutraliza la superficie con aguarrás (o la substancia recomendada en las instrucciones) antes de volver a pintar.

¡ESTÁ LLENO DE AIRE CALENTITO!

Decisiones, decisiones... ¡también el papel pintado tiene su glamour!

TIPOS DE PAPEL PINTADO

¡LO CUBRE TODO!

El papel pintado es un término general para describir todo tipo de revestimientos para pared. Si pensar en el papel pintado te saca de tus casillas, dale una segunda oportunidad. No todo son espantosos dibujos en relieve y de flores de chintz. Los fabricantes de papel pintado ofrecen ahora una vasta gama de bellos diseños y texturas para que puedas elegir a tu gusto. La mayoría de ellos tienen un surtido que abarca los colores sencillos, los dibujos refinados y los motivos delicados para los bordes y que se complementan entre sí. Lo difícil es elegir con qué estilo quedarse.

¿QUÉ HABITACIÓN?

En la mayoría de los casos el color, el motivo y la textura serán lo que te impulse a decidirte en un sentido u otro, pero también hay otros factores que debes tener en cuenta. Algunos papeles pintados están especialmente concebidos para cocinas o cuartos de baño. Otros son más delicados y se deben usar para efectos decorativos solamente en el dormitorio o en el cuarto de estar o pasillos, donde no están expuestos a la humedad o al vapor.

Los papeles para la cocina y el cuarto de baño tienen una capa de revestimiento plástico impermeabilizador que repele la humedad creada con el vapor de la cocina, y que hace además que sea fácil limpiar la suciedad y la grasa. Lee siempre con atención las explicaciones del fabricante en el embalaje antes de comprar papel pintado; la mayoría de ellos apuntan el mejor uso que se puede dar a ese tipo especial de papel.

EL PAPEL PINTADO CON TEXTURAS PUEDE DISIMULAR UN ENLUCIDO O ENYESADO IRREGULAR.

EXISTEN PAPELES PINTADOS EN TODOS LOS ESTILOS Y DIBUJOS QUE TE PUEDES IMAGINAR. ¡DIOS MÍO, QUE RAYAS!

¡INCLUSO LA GENTE CREATIVA NECESITA SABER UNA PIZCA DE MATEMÁTICAS!

Calcular las cantidades

El rollo de papel pintado normal tiene unos 520mm de ancho y unos 10,05m de largo. El cálculo básico que debes hacer es el siguiente: mide la distancia entre el techo y el suelo; divide la longitud del rollo por esta medida para calcular el número de cortes o pliegos de papel por rollo. Luego mide todo el cuarto; divide esta medida por la anchura del rollo para calcular cuantos pliegos de papel vas a necesitar. Multiplica el número total de cortes o pliegos por la cifra de pliegos por rollo para calcular el número total de rollos que vas a necesitar. El mismo principio se aplica a los techos: plantéatelo como si fuese una gran pared, calculando la distancia según el largo entre un lado del cuarto y el otro. Puedes medirlo sirviéndote del suelo.

✳ ¡HUM! OYE, ¿TE PARECE DEMASIADO SI LO EMPAPELAMOS DE VERDE CON LUNARES MORADOS?

Si alguna vez te has preguntado cuál era el secreto del estilo de tu abuela, ¡aquí lo tienes!

Papel de forrar

☞ Papel barato con colores naturales que se aplica a las paredes antes de colocar papel pintado más pesado o usado como base para pintar si las paredes no son perfectamente lisas. El papel de forrar puede cubrir un sinfín de imperfecciones y errores, y se puede comprar en varios grosores.

VALE, VALE, YA SÉ QUE ES ÚTIL, PERO POR FAVOR, ¡NO!

Papel de troceados de madera

☞ Este tipo de revestimiento para pared era popular en los años 70. Este tipo de papel lo cubre todo, incluido paredes irregulares, y suele ser muy difícil de quitar después. No es especialmente bonito pero es manejable y barato. Debe ser pintado después de colocar.

Papel lavable

☞ Papel liso pintado o con dibujos que lleva una capa de cola blanca aplicada sobre el lado del dibujo. Esto hace que la superficie sea a impermeable y fácilmente lavable.

Papel de vinilo

☞ Papel (a veces algodón) con dibujos o liso con una pequeña capa de vinilo. El papel de vinilo resistente es muy útiles para cocinas y cuartos de baño. El papel de vinilo mullido tiene un dibujo en relieve estampado en una de las caras, que luego se pinta.

Papel estampado

☞ Papel liso con dibujos multicolores impresos en un lado. Existe un extenso surtido de papeles de este tipo para elegir a diferentes precios. Primero, hazte un presupuesto, luego elige. La mayoría de los dibujos están estampados a máquina, pero también existen preciosos papeles estampados a mano – son una monada, pero también carísimos.

Papel preencolado

☞ Este tipo de papel es una invención ingeniosa. Vienen con una parte ya encolada, con lo que lo único que debes hacer es empapar cada rollo en la cubeta especialmente diseñada para el efecto, llena de agua, levantarlo de la cubeta y colocarlo directamente en la pared. Eso te ahorrará un montón de tiempo y el engorroso proceso de encolar el papel.

Papel en relieve

☞ Papel liso o con dibujos que tiene un motivo en relieve que puede crear efectos bellísimos. Se puede pintar encima de los papeles lisos. Aunque a veces se lo considera como un tipo de revestimiento de papel que se ve sólo en restaurantes y hoteles, el papel tiene fibras pegadas a la superficie que forman un dibujo en relieve.

Cenefas y frisos

☞ Bandas de papel lisas, con dibujos o en relieve que se colocan en sentido horizontal a la altura del techo o de la moldura superior del zócalo. Se colocan después de haber pegado el papel.

Manos a la obra

Si es vinilo será fácil, pero como sea papel con troceados de adera, ¡la cosa va a ser dura!

QUITAR EL PAPEL

79

Así que has decidido que al viejo y feo papel pintado definitivamente le ha llegado su hora y vas a empezar a raspar. Existen algunas herramienta esenciales que te ahorrarán tiempo y esfuerzos durante el proceso de arrancar el papel pintado. El primero es un raspador orbital – un ingenioso aparato triangular con ruedas claveteadas que va haciendo pequeñas perforaciones en el papel pintado. La segunda herramienta es un vaporizador para papel pintado. Ambas son baratas tanto compradas como alquiladas y ahorran un montón de trabajo duro.

Vale la pena gastar un poco de tiempo comprobando que todo el papel pintado que debemos quitar está bien perforado antes de mojarlo y de usar un vaporizador. Esa será la garantía de que la humedad ha empepado bien el papel, disolviendo así la cola que está por debajo. Usa el raspador orbital con ese fin – conn movimientos en todas direcciones sobre la superficie del papel. También puedes raspar el papel con el borde de una espátula de arrancar

papel, haciendo cortes en forma de cruz, pero ten cuidado, porque se pueden hacer rayazos en la pared. Lo más seguro es que, después de haber quitado todo el papel, te encuentres ya con un montón de agujeros e imperfecciones que tendrás que rellenar, por eso intenta no darte más trabajo haciendo rayazos que luego tendrías también que tapar para poder empapelar. Por ello si decides usar este método, sé muy cuidadosa.

Espátula

CONSEJO
Intenta construir tu propio rascador clavando puntas en un trozo de madera de modo que los extremos salgan por el otro lado de la madera.

necesitas
* raspador orbital o giratorio
* disolvente para papel pintado o agua. Cubo y una esponja o una brocha
* espátula
* bolsas de basura

❋ ¡NO CARIÑO, NO ME REFERÍA A ESO CUANDO HABLABA DE QUITAR!

QUITAR EL PAPEL CON AGUA

☛ Llena el cubo con agua caliente; después con una esponja o una brocha ancha ve mojando la pared, empapando bien el papel. Al absorber el agua el papel se pone blando y es fácil de quitar raspando con la espátula. Trabaja cada vez sobre unos pocos metros cuadrados o el papel se empezará a secar antes de que hayas podido quitarlo todo.

☛ Asegúrate de que quitas todos los trocitos de papel mientras todavía están húmedos. No esperes hasta el final o se habrán secado y tendrás que volver a mojar todo otra vez.

QUITAR CON UN VAPORIZADOR ELÉCTRICO

Te sugiero de todo corazón que te hagas con un vaporizador eléctrico de arrancar papel pintado – te juro que no te va a decepcionar. Se trata de un maravilloso aparato que te hará ahorrar tiempo. Su aspecto es un cruce entre una aspiradora y una tetera. Cuando el agua haya empezado a hervir tienes que tener mucho cuidado porque el vapor sale muy caliente y te puedes quemar las manos. No uses el vaporizador más de 45 minutos seguidos, y nunca lo dejes enchufado, ni te lo olvides encendido.

1 La herramienta que aparece a la derecha se llama raspador giratorio. Tiene tres ruedas giratorias con pinchos en la parte de abajo, que abren cientos de pequeños agujeros en la superficie del papel pintado. Coge bien fuerte el mango y pasa el aparato en movimientos circulares por todo el papel. Es casi una sesión de gimnasia pero el esfuerzo valdrá la pena porque sería muy trabajoso quitar el papel si no lo hemos raspado bien de antemano.

2 Siguiendo las instrucciones del fabricante con suma atención, llena el depósito con agua, luego enchufa el vaporizador. Espera el tiempo necesario hasta que el agua empiece a hervir. Coloca el paño del vaporizador en la pared, manteniéndolo durante 30 segundo en el mismo sitio. Será tiempo suficiente para que sea fácil retirar el papel. El papel más grueso, como el de troceados de madera, seguramente requerirá un poco más de tiempo. Prueba sobre una pequeña zona para que te hagas una idea de cuánto tiempo debes dejar el paño del vaporizador sobre la pared.

¡Mantén la habitación bien ventilada cuando trabajes con el vaporizador para evitar el efecto de sauna!

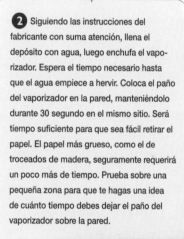

3 Retira el papel humedecido con ayuda del raspador o de la espátula. Según vas trabajando tira el papel en bolsas de basura. Ni se te ocurra ir acumulándolo en montones pringosos en el suelo hasta que acabes todo el trabajo, porque la cola se volverá a secar y los trozos de papel estarán pegados por todas partes – en el suelo, en las fundas para el polvo, en los zócalos.

Rellenar los huecos y las grietas para obtener una pared superlisa

* ME ENCANTAN ESTAS PROTUBERANCIAS MÍAS; PERO, EN MIS PAREDES, ¡NO LAS QUIERO VER NI EN PINTURA!

PREPARAR LA PARED

Cuando quieras pintar o empapelar tus paredes, tienes que prepararlas antes. Esto significa rellenar todos los agujeros o grietas, y alisar todas las protuberancias o irregularidades que la pared tenga. Sería un caso muy raro, o un verdadero milagro, si después de quitar todo el papel viejo de la pared, te encontrases con que la capa de yeso de abajo está perfectamente lisa. Incluso en casas de reciente construcción te encontrarás agujeros de clavos para colgar cuadros, o pequeñas hendiduras hechas al mover los muebles, por ejemplo.

No tengas prisa cuando empieces a rellenar, cada una de las grietas que se te hayan pasado o de las protuberancias que hayas dejado sin lijar bien, se verán después de colocar el papel, especialmente si has elegido uno fino. Un buen truco que aprendí de un decorador es dar con un rodillo una capa de pintura blanca en emulsión poco densa antes de empezar a rellenar. Esta hará que veas mejor todos los agujeros, grietas y protuberancias. Se le llama una 'capa perdida'.

Mira bien tus paredes después de haber quitado todo el papel. ¿Hay alguna zona con filtraciones de agua o donde el yeso esté desconchado? Es muy poco posible que tus paredes estén perfectamente libres de grietas y agujeros, pero si están en muy malas condiciones, eso significa que tienes que llamar a un enyesador profesional. Tal vez sea una buena idea volver a rehacer todo el yeso de la pared. El enyesado es un trabajo difícil y delicado, por lo que es mejor que se lo dejes a un profesional. Claro que los trozos pequeños los puedes hacer tú misma, ¡ faltaría más!

¡NI SE TE OCURRA QUEDARTE SIN ESTE MATERIAL!

Masilla para rellenar

MASILLAS PARA RELLENAR

☞ Para la mayor parte de las imperfecciones bastará una masilla de decorador multiusos, o una capa tapaporos fina. Ambas vienen ya listas para usar en tubos o en botes. Son fáciles de usar y se secan rápidamente, pero recuerda que debes poner la tapa al bote cuando acabes o te tomes un descanso para un café; se seca realmente muy muy deprisa.

Para zonas expuestas al movimiento, como la zona situada alrededor del vano de la puerta, usa una masilla flexible para evitar y prevenir posibles grietas.

1 Antes de nada cepilla bien la zona que va a ser rellanada para quitar el polvo y otras partículas. Si el agujero es grande, humedece los bordes con una esponja mojada. Esto prolonga el tiempo de secado de la masilla, de modo que haya menos posibilidades de encoger cuando se seque. La humedad también aumenta la cohesión entre la masilla y el yeso, evitando así que la masilla encoja después de aplicarla.

2 Coge un poco de masilla con la espátula de rellenar y aplícalo en el agujero o grieta. Aprieta bien la espátula contra la pared, esparciendo bien la masilla y empujándola contra el agujero. Quizás tengas que pasar varias veces la hoja de la espátula sobre la imperfección para asegurarte de que está bien rellena. Rellena todas las imperfecciones de este modo y luego deja que se seque. Si tienes que rellenar agujeros muy profundos, retuerce bien un trozo de papel de periódico, y luego, con ayuda de la espátula, mételo en la grieta, o haz o una bola de papel para tapar el agujero. Esto te proporcionará una base para que puedas aplicar encima la masilla de rellenar.

✻ ¿QUÉ ES LO QUE ESTARÁ HACIENDO ÉL MIENTRAS YO ESTOY AQUÍ DECORANDO?

CONSEJO

Para agujeros o grietas profundas, haz una bola con un trozo de papel de periódico y empújalo con la punta de la espátula o con el dedo, para que entre bien en el agujero o en la grieta. Luego aplica la masilla para cubrir.

3 Cuando la masilla de decoración esté bien seca y dura, líjala bien con papel de lija y un bloque de lija. Puedes usar una lijadora eléctrica si la superficie es muy grande. Pasa tu mano por la zona lijada para asegurarte que está tan lisa como el resto de la pared. Si fuese necesario, da otra capa de relleno y repite la operación. Si tienes que aplicar una segunda capa, primero quita el polvo producido con el primer lijado con ayuda de una esponja húmeda o un trapo; si decides usar una lijadora eléctrica recuerda que debes llevar una mascarilla de protección para el polvo.

necesitas

* esponja
* masilla para relleno
* espátula
* papel de lija

Ahora que te has librado del papel viejo, te toca colocar el nuevo

Se trata de un gran proyecto, así que, ¡asegúrate de que tienes todo un fin de semana libre para acabarlo!

EMPAPELAR

81

Ya has acabado de quitar el papel, de lijar y de rellanar y las partes de madera ya están pintadas. Tus paredes están ahora del todo preparadas para que tú las empapeles. Empapelar es un trabajo que se puede llevar a cabo con éxito trabajando en solitario – pero si tus paredes son muy grandes y los techos altos, a lo mejor deberías pedir a algunas amigas que te ayudasen. Además, siempre les puedes devolver el favor cuando necesiten decorar su propia casa. Empapelar puede ser una tarea delicada y trabajosa si lo intentas tú sola – o con una amiga.

En esta parte del trabajo, todavía hay algunos preparativos que hacer – impermeabilizar o sellar la superficie. Sería absurdo y nada efectivo empapelar una superficie inestable – las superficies húmedas o que desprenden polvillo podrían ser luego un problema. Cualquier tipo de problemas que tengan que ver con la humedad debe ser tratados en un primer momento (tal vez debas recurrir a un profesional para ello), pero una pintura vieja se puede tratar con una buena capa de impermeabilizador o tapaporos patentado. Antes de encolar debes aplicar al yeso nuevo o enyesado una capa de cola gomada (un compuesto establizador que se aplica para sellar las superficies porosas antes de pegar el papel) o cola de empapelar diluida. Cuando se seque, la superficie de la pared estará sellada. Las superficies que suelta polvillo, también necesitan ser estabilizadas. Una mezcla de cola APV (adhesivo de polivinilo) y agua será lo apropiado en esta caso. Consulta las instrucciones del fabricante para las proporciones correctas.

necesitas

* papel pintado o papel de forrar
* cinta métrica
* plomada o nivel de burbuja de aire lápiz
* tijeras para empapelar
* mesa para empapelar
* cuerda
* cola para papel pintado
* brocha para la cola
* cubo
* escalera de mano
* brocha para empapelar
* pequeño rodillo de empapelar
* cuchillo de carpintero
*

1 Lo primero que necesitas hacer es fijar un punto de partida. En general, debes empezar colocando en papel en una zona cercana a un rincón, o si el papel tiene un dibujo muy marcado, el primer pliego o corte se debería centrar sobre una chimenea o cualquier otro punto de focalización en la habitación de modo que el dibujo quede simétrico. Si es la primera vez que te pones a empapelar, empieza cerca de uno de los extremos de la pared más larga que no tenga obstáculos, y con un poco de suerte, cuando llegues al otro extremo serás toda una experta en el tema.

¡LAS MUJERES EMPAPELANDO! ¡SEGURO QUE AHORA TAMBIÉN QUERRÁN VOTAR!

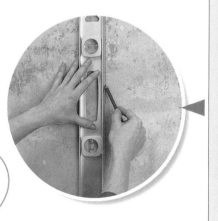

2 Mide el papel pintado menos 15mm desde el rincón (esto se hace para que el pliego de papel más cercano del rincón se superponga un poco a la pared adyacente para disimular los huecos o aberturas). Subete a la escalera con un martillo y un clavo para colgar la plomada en ese punto para que quede bien vertical, o bien usa un nivel de burbuja de aire y un lápiz. Este punto de partida es importante, por eso asegúrate que queda bien recto.

3 Corta el primer pliego de papel, dejando que sobren unos 5 cm en el extremo inferior y superior. Puedes cortar unos cuantos pliegos de papel usando este como guía y colócalos todos boca abajo en la mesa de empapelar. Aquí es donde necesitas la cuerda. Ata un trozo de cuerda entre las piernas en uno de los extremos de la mesa. Pliega los bordes del papel y sujétalos con la cuerda para que no se muevan cuando dés la cola. Mezcla la cola directamente en el recipiente y aplícala sobre el papel con una brocha de encolar. Ve moviendo el papel sobre la mesa para que puedas encolar todo el pliego.

4 Dobla el papel encolado en un pliegue suelto en forma de ocho. Levántalo de la mesa, dejándolo aparte durante algunos minutos para que la cola impregne bien el papel. Cuando hayas terminado de encolar el segundo pliego, el primero estará listo para colocar.

5 Es hora de poner el primer pliego. Tendrás que subirte a la escalera de mano. Lo mejor es que te subas primero a la escalera y luego una amiga te alcance el pliego encolado. Pon el borde superior del papel a lo largo de la moldura superior del zócalo, subiéndolo un poquito por encima de él, y asegurándote que el borde está paralelo a la marca vertical. Suelta el papel para que se desdoble despacio. Usa la brocha de empapelar para ir pegando el papel, partiendo siempre del centro hacia los bordes y de arriba abajo. Eso servirá para eliminar las bolsas de aire y garantizar que queda bien pegadito.

6 Para cortar los bordes inferior y superior, pasa la punta de tus tijeras con suavidad sobre el ángulo formado por la pared y la moldura del zócalo. Luego haz lo mismo con el ángulo formado por la pared y el zócalo. Esta operación sirve para hacer una señal que sirva de línea de corte. Despega muy suavemente el papel de la pared, corta por la señal y después vuelve a colocarlo en su sitio.

Plomada

7 Coloca el siguiente pliego de papel exactamente del mismo modo, teniendo mucho cuidado de alinearlo y superponerlo bien con el pliego anterior. Si tienes que igualar el dibujo de paple colócalo delicadamente deslizándolo hasta que encaje bien con dibujo del pliego el anterior. Cuando llegues al rincón siguiente corta el ancho del papel de modo que se superponga a la pared adyacente en unos 15 mm. Sujeta los bordes y vuélvelos a pasar con un rodillo si es necesario.

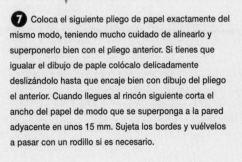

A la vuelta de la esquina

ESQUINAS

Todas las habitaciones tienen esquinas – de eso puedes estar totalmente segura. Las esquinas hacia fuera o picones y las esquinas hacia dentro o rincones no tienen por qué ser un problema si se actúa de una manera metódica. Lo importante es recordar que una esquina puede no ser vertical. Por ejemplo, si intentas empapelar una esquina y alinear el siguiente pliego de papel con el que has colocado, verás que está un poquito inclinado. Cuando hayas acabado la habitación el desastre será mayúsculo. Incluso un par de milímetros pueden suponer una gran diferencia. Es buena idea revisar antes tus paredes. Si realmente están torcidas, deberías evitar un papel pintado con atrevidas rayas en vertical porque el aspecto que tendría en las esquinas sería un poco raro.

Para las paredes siguientes, repite el proceso con la plomada, de forma que todo el papel en cada una de las paredes esté en posición perfectamente vertical y las esquinas equilibren cualquier inclinación.

ESQUINAS HACIA DENTRO

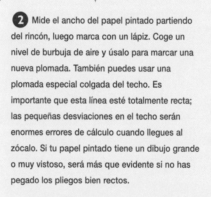

1 Vuelve a la esquina por la que empezaste, aquella en la que mediste el ancho del papel menos 15mm a partir de la pared. Coloca aquí un pliego de papel y con cuidado, ve introduciendo la parte sobrante en el rincón. Si el borde de esta parte sobrante no queda lisa o está arrugada en algunas zonas, haz pequeños cortes del borde hacia el rincón. Estos son los llamados cortes para aflojar, que equilibran cualquier irregularidad de la pared. Alisa bien el borde con una brocha de empapelar.

2 Mide el ancho del papel pintado partiendo del rincón, luego marca con un lápiz. Coge un nivel de burbuja de aire y úsalo para marcar una nueva plomada. También puedes usar una plomada especial colgada del techo. Es importante que esta línea esté totalmente recta; las pequeñas desviaciones en el techo serán enormes errores de cálculo cuando llegues al zócalo. Si tu papel pintado tiene un dibujo grande o muy vistoso, será más que evidente si no has pegado los pliegos bien rectos.

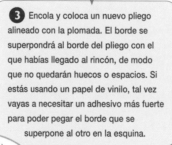

3 Encola y coloca un nuevo pliego alineado con la plomada. El borde se superpondrá al borde del pliego con el que habías llegado al rincón, de modo que no quedarán huecos o espacios. Si estás usando un papel de vinilo, tal vez vayas a necesitar un adhesivo más fuerte para poder pegar el borde que se superpone al otro en la esquina.

✱ ¡LA PRÓXIMA VEZ QUE TE SIENTAS ARRINCONADA, SABRÁS QUÉ ES LO QUE TIENES QUE HACER!

CONSEJO

Para un pico o esquina hacia fuera, si el borde de papel que se debe superponer al otro pliego no queda lisa, entonces haz pequeños cortes por todo el borde, que se conocen por cortes de aflojar, para que todo quede bien liso.

ESQUINAS HACIA FUERA

1 Cuando llegues a un pico, coloca el papel exactamente de la misma manera, pero esta vez corta el borde a mano, de forma que se superponga a la esquina en unos 2,5 cm. La razón para cortar a mano es que deja un borde dentado irregular, que dejará una señal menos visible por debajo del borde del pliego siguiente.

necesitas

* tijeras
* cucillo de carpintero
* destornillador

* !TAMBIÉN LO PUEDES USAR PARA REDUCIR CADERAS!

2 Mide y marca una nueva plomada, el ancho del papel pintado más aproximadamente 15 mm. Corta el siguiente pliego de papel al tamaño adecuado, con cuidado de igualar los motivos o dibujos, si los hubiera. Luego encola y coloca usando la plomada como guía. Alisa bien el pliego con la brocha de empapelar. El borde superpuesto probablemente necesitará algo más que una pasada rápida con la brocha para que quede bien pegado. Pasa el rodillo de empapelar arriba y abajo por el borde para asegurarte que los bordes están perfectamente pegados. Si los bordes se levantan un poquito cuando la cola ya se haya secado, aplica un poco más de cola con un pequeño pincel.

EMPAPELAR ALREDEDOR DE LOS INTERRUPTORES DE LA LUZ

La mayoría de las habitaciones tienen también interruptores – es una de esas cosas inevitables en la vida. Los próximos pasos te indicarán cómo empapelar alrededor de ellos sin problemas.

1 Empapela sobre el interruptor y usa el cuchillo de carpintero para hacer cortes en diagonal en el papel desde el centro del interruptor hasta cada esquina. Usa la brocha para ajustar el papel alrededor del borde. Corta los triángulos de papel a unos 15 mm del borde.

ATENCIÓN

Corta la corriente eléctrica antes de empezar a trabajar. Pero, claro, asegúrate que habrá luz suficiente en la habitación para ver lo que estás haciendo.

2 Afloja los tornillos de interruptor y usa la brocha para introducir los bordes del papel por debajo. Vuelve a atornillar bien el interruptor. No vuelvas a conectar la corriente hasta que la cola esté seca. La eléctricidad y la humedad no se llevan demasiaso bien.

MÁS COSAS FASCINANTES SOBRE EL PAPEL PINTADO

Algunas habitaciones se pueden revelar como auténticas carreras de obtáculos, llenas de recovecos y recodos, como los huecos de las ventanas, la salida de la ventilación del aire, y cosas por el estilo. Para superar con éxito este tipo de problemillas se deben usar los mismo métodos de empapelado.

Primero, tienes que empezar a colocar el papel por el lienzo de pared lisa más largo. Cuando alcances la otra esquina o un pequeño obstáculo, seguro que ya le has cogido el tranquillo a los principios generales del empapelado y te sentirás con más confianza para superar el obstáculo.

¿Te acuerdas de lo que has aprendido sobre rincones, esquinas y picos, y sobre interruptores de luz en las páginas anteriores? Simplemente combina todas esas informaciones y muy pronto estarás empapelando huecos de ventana por dentro y por fuera, vanos de puerta e interruptores como una posesa. Es todo una cuestión de aplicarse bien. Todos los recovecos y recodos serán un poco diferentes entre sí, por lo que tendrás que ir cambiando los métodos básicos para adaptarlos a tus necesidades. Esto no te será muy difícil – a lo mejor, un poco complicado, pero nada que ver con la física aeronáutica. Lo único que necesitas es una pizca de paciencia – y claro, todas las herramienta para el trabajo. De hecho, como no empapeles bien por encima de las puertas y ventanas de la habitación, vas a tener que enfrentarte al problema más tarde o más temprano, es así y punto.

CONSEJO

Si el revestimiento de pared tiene un motivo repetido, la regla general es aumentar la longitud de cada corte de papel por la medida del motivo. Esto te permitirá un amplio margen para la igualación del motivo. Si el motivo es muy grande, es mejor cortar un pliego de cada vez, cortando el siguiente para que quede igualado.

VENTILACIÓN DE AIRE

1 Encola y coloca el papel de modo que se superponga sobre el borde de la salida de ventilación. Haz un corte en diagonal desde el borde del papel hacia la esquina de la ventilación, formando cuatro partes triangulares. Con ayuda de una brocha aplasta el papel con cuidado contra el ángulo formado por la ventilación y la pared. Aplasta el papel que sobra por la parte de debajo de la ventilación hacia el zócalo, corta hacia las esquinas como antes, luego aplasta con una brocha el papel contra el ángulo formado por el rodapié y la pared. Usa la brocha de empapelar para aplastar bien el papel contra el borde de la ventilación para asegurarte que está bien pegado.

2 Usa un cuchillo de carpintero para cortar por la señal. Corta el borde del lado del zócalo con ayuda de las tijeras, de forma normal. Coloca el siguiente pliego de papel, igualando los dibujos con sumo cuidado; luego corta y ajusta para completar la otra mitad de la ventilación exactamente de la misma manera. Corta los bordes superior e inferior de la misma forma. Si la ventilación cae en medio de un pliego de papel, trabaja del mismo modo que con el interruptor de luz.

HUECOS DE VENTANAS

¡Y PARA LAS MÁS ATREVIDAS!

Los huecos de las ventanas (en realidad cualquier tipo de huecos o vanos) son una carrera de obstáculos resultado de la perversa combinación de picos, esquinas y rincones. Tendrás que cortar, recortar, encolar un montón de veces, y poner una infinidad de parches para rellenar grietas y agujeros. Luego tienes que igualar el dibujo, cortando bien para que todo encaje. Pero no te desanimes – en realidad es un proceso sencillo y lógico.

1 Encola y coloca el pliego de papel de modo que quede situado delante del hueco de la ventana. Luego haz un corte horizontal en el papel a lo largo del borde superior del hueco hacia la esquina. Empuja con la brocha el papel hacia dentro, haciendo una señal donde el marco de la ventana se encuentra con la pared. Usa la brocha para empujar bien el papel contra el picón antes de cortar.

2 Corta con cuidado por la señal marcada; luego con cuidado coloca otra vez el papel en su sitio. Ahora tendrás que ver si hay un espacio en la parte superior del hueco. Corta un trozo de papel para que encaje en el espacio con una parte sobrante de 2,5 cm como ya hemos explicado. Córtalo con la mano para que quede un borde dentado. Recuerda que debes igualar el dibujo cuando cortes los trozos especiales.

3 Con cuidado, levanta el borde del trozo de papel que queda junto a la ventana. Encola y coloca debajo el trozo especial, luego alisa bien el primer pliego sobre el borde dentado. Coloca trozos rectos que cubran la parte superior del hueco hasta que llegues al otro lado de la ventana; luego llena la parte de la otra esquina exactamente de la misma manera que el primero.

❋ RECORDAD, CHICAS, ¡NO ES MUY BUENA IDEA SUBIRSE A UNA ESCALERA CON TACONES DE AGUJA!

145

¡Por fin llega la parte glamurosa!

PINTAR

Las compañías que fabrican pinturan sacan continuamente al mercado nuevos tonos y productos para satisfacer la demanda siempre creciente, de modo que no tendrás problemas para encontrar el color que buscas. La mayoría de las tiendas de bricolaje tienen sistemas de mezcla especiales – sólo tienes que llevar un ejemplo del color que deseas, la tienda lo igualará y lo mezclará en la cantidad que tú necesites.

¿QUÉ ES LA PINTURA?

La pintura consta básicamente de tres partes: el aglutinante, el pigmento, y el soporte. El aglutinante ayuda a que la pintura se fije y que la mezcla no se deshaga. El pigmento es la parte que da color, en general una base blanca con tintes añadidos, y cubre la superficie inferior. Para acabar, el soporte, con base de agua o de aceite, hace que la pintura se pueda aplicar con facilidad fluyendo sobre la superficie, y se avapora al secarse.

¿PINTURA A BASE DE ACEITE?

Para hacer las cosas más fáciles voy a clasificar los tipos de pinturas en sólo dos categorías: con base de aceite (como las pinturas brillantes) y con base de agua o pintura en emulsión. Las pinturas con base de agua suelen ser fáciles de aplicar y dejan menos marcas de brocha al secarse. Las pinturas con base al aceite suelen tardar más tiempo en secar y exhala un olor desagradable, auque ahora la mayoría de los fabricantes producen pintura con poco olor. Este tipo de pintura dura más que la pintura en emulsión;

se usa para madera y para accesorios en metal. Las pinturas con base de aceite requieren una capa especial o capa tapaporos para obtener buenos resultados, cosas que las pinturas con base al agua no necesitan – simplemente aplica dos o tres capas para cubrir bien.

¿MATE O BRILLANTE?

Cuanto más baja sea la proporción de pigmentos en el aglutinante, más brillante será el acabado. Las pinturas mates contienen más partículas de pigmentos, así que, al secarse, la superficie queda menos suave y no refleja la luz como lo haría una superficie bien lisa y suave. Las pinturas brillantes, las muy brillantes, las satinadas y las translúcidas llevan una proporción mayor de pigmentos y reflejan más la luz. Las pinturas brillantes, muy brillantes y translúcidas se usan para madera y para metal. La pintura satinada y mate se usan para las paredes y los techos. Las pinturas mates cubrirán todas las imperfecciones mientras que las brillantes acentuarán los bultos y protuberancias.

✳ TODO ES CUESTIÓN DE GUSTOS, POR SUPUESTO,... YO, PERSONALMENTE, CREO QUE CON EL NEGRO SIEMPRE VAS A ACERTAR.

DIFERENTES TIPOS DE PINTURA

Pintura con textura

La pintura con textura es muy densa y da una sensación tridimensional. Se puede aplicar con una brocha o un rodillo para crear efectos como el enyesado en gotelé o gres. Este tipo de pintura es genial si tus paredes son todo menos perfectas y ¡puede disimular un montón de imperfecciones! Las pinturas con texturas se pueden usar para obras de albañilería de exteriores y para hormigón.

Pintura brillante

Se usa para madera o metal y se seca dejando un bonito acabado brillante. Este tipo de pintura es a base de aceite y tarda mucho tiempo en secar, pero es muy duradera y es fácil de limpiar. Recuerda, debes usar un tapaporos y una capa de base si quieres obtener buenos resultados cuando uses un tipo de pintura brillante.

Pintura de melamina

Es un ingenioso tipo de pintura ideal para cubrir esa omnipresente melamina. Úsala con un tapaporos especial para obtener resultados fabulosos.

Pintura brillante para baldosas

Está especialmente pensada para baldosas de cerámica. Combínala con un tapaporos si quieres obtener buenos resultados.

Pintura metálica

Las pinturas con efecto metálico son muy populares en nuestros días, tanto para plicar con brocha como con pistola de pintura. Hay una amplia gama de productos disponibles para decorar paredes, madera, metales y plásticos.

Pintura en emulsión a base de agua

La emulsión es posiblemente el tipo de pintura con el que estás más familiarizada. Este tipo de pintura con base al agua cubre bien la superficie, se seca bastante rápido y es fácil de aplicar. Disponible en acabado mate o satinado.

Un poco de diversión

PINTURA BÁSICA

82

No cabe duda de que existe una manera acertada y una manera equivocada de hacer las cosas, y esto también es verdad para la pintura. Aplicar la pintura al azar no te va a traer buenos resultados, por eso es mejor trazar un plan. Como ya he indicado, antes de empezar a pintar tienes que quitar la pintura a todas las partes que lo necesiten, y completar todos los preparativos de antemano, luego pinta en primer lugar las partes de madera y el techo.

PINTAR MADERA

1 Prepara la madera antes de empezar a pintar. Quita toda la pintura vieja (mira en la página 133), lija suavemente y limpie la madera a conciencia.

2 Si la madera ya está limpia de pintura, aplica una capa de tapaporos adecuado. El tapaporos proporcionará una base para la capa superior. Las indicaciones en el bote de pintura te señalarán qué tapaporos para madera debes usar.

3 Para zonas pequeñas como, por ejemplo, las tablas de los zócalos, pinta siguiendo la dirección de las vetas. Para zonas más grandes, como los tableros de las puertas de madera, pinta primero en la dirección de las vetas, luego da las pasadas de la brocha de forma perpendicular a las vetas. Vuelva a dar una mano esta vez según el sentido de las vetas, deja secar y luego da una nueva mano.

4 Cuando empieces a pintar las partes de la pared, pon cinta adhesiva a los bordes de los zócalos ya pintados o a otras partes de madera, luego usa una brocha pequeña para que quede bien pegado y no entre pintura. Pinta las zonas cercanas a esta cinta con esa misma brocha. Luego pinta las partes mayores con una brocha más grande, un rodillo o un paño de pintar.

❋ ¡UAAAH! ¡YO TAMBIÉN QUIERO PINTAR!

CONSEJO

Unas palabras sobre pintura. En general, comprar pintura barata no sirve para ahorrar dinero. Una pintura de buena calidad cubre mucho mejor la superficie. La emulsión barata necesitará tres o cuatro capas, en vez de las dos habituales. ¡Te hace perder tiempo y es un rollo!

necesitas

❋ pintura
❋ brocha
❋ cinta adhesiva
❋ capa tapaporos

PINTAR PUERTAS Y VENTANAS

> **CONSEJO**
> Retira antes de empezar todos los picaportes y los soportes, pero deja la ventana abierta hasta que se seque completamente o será muy difícil que la puedas volver a abrir alguna vez.

PINTAR VENTANAS

Pintar ventanas de guillotina puede ser un trabajo un poco dificultoso. Las dos partes de la ventana se tienen que estar sueltas para que se deslicen arriba y abajo, por ello ten todo el cuidado para que no queden pegadas al pintarlas. (Fíjate en los diagramas de la derecha).

Las ventanas del tipo tradicional (ventanas tipo puerta o de hojas giratorias) tienen por lo menos una parte sujeta con bisagras, que se abre hacia fuera. Si dejas abierta la ventana mientras pintas, no hay posibilidades de que se quede pegada cuando la pintes.

Al pintar ventanas, intenta no salpicar los cristales. Tapa con cinta adhesiva los bordes del cristal.

❶ Para ventanas de guillotina, empieza levantando el cristal corredizo inferior y bajando un poco el superior. Pinta luego el larguero horizontal inferior del cristal de arriba (1) y todas las zonas (2) verticales que puedas alcanzar sin problemas.

❷ Cierra ambos cristales, pero deja un pequeño resquicio en ambos lados. Pinta el resto del cristal superior (3), y después del inferior (4). Luego pinta la estructura de fuera (5). Cuando la pintura esté seca, pinta las correderas interiores

❶ Para pintar ventanas de batiente, abre la ventana y pinta el marco inferior de la ventana donde se hallan las bisagras (1). A continuación, pinta la parte delantera de la ventana (2) y, después, los lados inferiores del marco (3). Para acabar, pinta el antepecho.

PINTAR PUERTAS HECHAS DE TABLEROS

Pintar tableros de puertas requiere grandes dosis de atención y cuidado. Cada una de las partes de un tablero de puerta debe ser pintado según un orden; esto hace que sea más fácil pintar, consiguiéndose además mejores resultados. Mira el diagrama para el orden de trabajo; cada parte está numerada. Para obtener mejores resultados tienes que trabajar muy deprisa, pinta siempre siguiendo la misma dirección de las vetas, y no olvides que debes quitar todas las cerdas que se suelten de la brocha mientras la pintura aún esté seca. Para evitar que la pintura se levante en los bordes, no esperes a que cada parte se seque antes de empezar con la siguiente.

BÁSICO

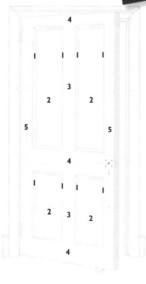

❶ Empieza por los bordes de los tableros (1); luego pinta los tableros largos verticales (2); a continuación, pinta la parte vertical del centro (3); y después los tableros horizontales transversales de la parte superior, central e inferior (4). Para completar la puerta, pinta los tableros verticales exteriores de cada lado (5).

AVANZADO

❶ Para un acabado realmente profesional, sigue el orden y la dirección del dibujo a la hora de pintar. Este método más avanzado (6-12) garantiza que todos los bordes aún húmedos quedan bien cubiertos para evitar que se noten las uniones entre las distintas partes de la puerta pintada.

Brocha en ristre...

BROCHA VA

PINTAR PAREDES

Después de haber acabado de pintar los zócalos y las demás partes en madera, puedes pasar a la parte más importante del trabajo. Existen varios modos de aplicar pintura: brocha, rodillo y almohadilla de pintura. Para zonas pequeñas o poco accesibles o para pintar líneas rectas cerca de los marcos de puertas o ventanas, es mejor usar una brocha pequeña (mira la página 148 – pintar madera), pero para zonas más grandes puedes usar una brocha, un rodillo o una almohadilla.

1 Con una brocha: cuando uses una brocha, moja aproximadamente un tercio de la longitud de la brocha en la pintura – la cosa se pone un poco pringosa si metes la brocha en la pintura hasta el mango. Presiona la brocha ligeramente contra el borde del bote para eliminar el exceso de pintura, luego empieza a pintar la pared. Pinta en pasadas en todas las direcciones, pintando una parte de cada vez. Da una segunda o más capas cuando la anterior esté completamente seca.

RODILLO VIENE

2 Con un rodillo: los rodillos de pintura se presentan en varios tamaños y son un modo rápido y fácil para cubrir grandes zonas. Necesitas una bandeja para el rodillo. Coloca un poco de pintura en el pocillo de la bandeja, y luego impregna bien el rodillo con la pintura.

3 Pasa bien el mango del rodillo una y otra vez sobre la parte en declive de la bandeja para cubrirla totalmente de pintura. A esto se le llama 'cargar' el rodillo. Si el rodillo no está bien cargado e igual por todos lados, el resultado puede ser una pared con un acabado irregular. Aplica la pintura en un movimiento de arriba hacia abajo y de lado a lado, para garantizar que la pared queda enteramente cubierta.

CON ALMOHADILLA

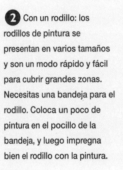

4 Las almohadillas de pintura son un método distinto de aplicar pintura. Son rápidas y fáciles de usar y también cubren la pared enteramente. Vierte pintura en una bandeja para rodillo o en un recipiente para almohadilla de pintura, empapa la almohadilla de espuma con pintura, y luego aplícala a la pared en movimientos cruzados en todas direcciones por toda la pared.

✷ SI ESTOS SON TUS GUSTOS EN CORBATAS, ¡SERÁ MEJOR QUE ME DEJES ELEGIR A MÍ EL COLOR DE LA PINTURA, CARIÑO!

PINTAR TECHOS

Estás ahí parada, mirando al techo, preguntándote cómo te vas a sujetar en la escalera, pintar un poquito, bajarte de la escalera, moverla de sitio, subirte a la escalera, y así una y otra vez. No te pongas histérica – nunca vas a usar una escalera de mano para pintar un techo (a no ser que sea realmente muy muy alto, y entonces tendrías que alquilar el equipo adecuado). Hay una respuesta muy sencilla al dilema de cómo-pintar-el-techo – una extensión para el rodillo de pintura. Es un sencillo aparato que se adapta al mango de tu rodillo de pintura y se puede ajustar a la distancia entre tú y el techo. El siguiente elemento de equipo imprescindible que tienes que tener a mano es ¡un gorro de baño! Esto puede parecer un poco cómico, pero es mejor que salpicarte de pintura tu precioso peinado nuevo.

Evita un día horrible para tu pelo. Ponte un gorro de baño antes de empezar a pintar el techo.

✱ ¡OIGA, PÁSESE CUANDO QUIERA POR CASA A PINTAR MIS TECHOS!

PINTAR DETRÁS DE LOS RADIADORES

Casi todas las casas y pisos tienen radiadores o módulos de calefacción acoplados a la pared. No es muy profesional dejar una parte sin pintar sólo porque no llegas detrás del radiador. Es posible meter la brocha a tientas detrás del radiador y encomendarte a todos los santos para que quede bien, pero en realidad, todo lo que necesitas es un minirodillo con un mango extralargo. Esto te posibilita que puedas alcanzar a pintar detrás del aparato con total facilidad.

☞ Carga el rodillo con pintura y manos a la obra. Intenta no manchar con pintura los bordes del radiador. Si pasa esto, límpialo con un trapo húmedo antes de que se seque, o tendrás que raspar luego. Si no te molesta para pintar, antes de empezar puedes colocar una funda sobre el radiador para protegerlo.

necesitas

✱ rodillo de pintura con la extensión para el mango
✱ bandeja para el rodillo
✱ gorro de baño

Ahora las cosas se ponen de verdad artísticas

EFECTOS ESPECIALES

Esta es la parte creativa, llena de color. Los efectos de pintura decorativos suponen una gran diferencia con respecto a un acabado soso. Puedes elegir el tipo de acabado que más te guste – puede ser sutil o atrevido, suave o muy cargado. La mayoría de los efectos no requieren ningún tipo de equipo especial, pero hace falta un poco de práctica para obtener el resultado que deseas. Puede ser una buena idea probar el efecto sobre una zona poco importante y que no quede a la vista – detrás de una puerta, por ejemplo – hasta que te sientas con confianza para hacer el resto de la habitación. Todos estos efectos empiezan con una primera capa en un color que tú elijas, y luego se aplica el efecto encima.

✳ ESTOY LISTA PARA MI PRIMER PLANO...

BAÑOS DE COLOR

85

Esto supone aplicar una mezcla de pintura aguada sobre una base de color muy claro. El resultado es un precioso y delicado efecto moteado. Puedes usar uno, dos o más colores o tonos del mismo color para darle profundidad.

necesitas

✳ pintura en emulsión en un tono oscuro o claro del color que tú elijas
✳ trapo de cocina (o una esponja o una brocha grande)
✳ cubeta

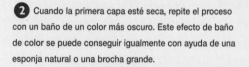

❶ Aplica la primera capa o capa de base y deja que se seque. Mezcla después una solución acuosa del color más claro en tu cubeta de pintura. Empapa el trapo de cocina en la solución, luego pásalo por toda la superficie en pasadas circulares. Si al final tiene un aspecto demasiado claro, siempre puedes dar más manos, pero resuerda que luego es difícil quitarlo.

❷ Cuando la primera capa esté seca, repite el proceso con un baño de un color más oscuro. Este efecto de baño de color se puede conseguir igualmente con ayuda de una esponja natural o una brocha grande.

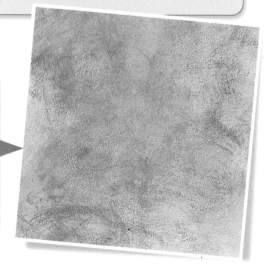

❸ El resultado es un delicado efecto difuminado. Quedará precioso si usas una combinación de colores pálidos, pero el resultado también puede ser impactante si eliges tonos más atrevidos y que contrasten.

BAÑO DE COLOR CON ESPONJA

Con una esponja conseguirás un efecto moteado más definido pero también sutil. Usa una esponja natural para este trabajo, y no una sintética porque las naturales tienen agujeros irregulares y producen un dibujo más espontáneo. Hay dos maneras de hacer esto: dar color con la esponja para obtener un efecto moteado más claro, o retirarlo para tener un acabado más sutil y delicado. Haz una prueba de ambas en un trozo de pared que quede luego oculto para decidir cuál queda mejor.

RETIRAR

1 Para empezar aplica una o dos capas del color base elegido, dejando que cada mano se seque antes de dar la siguiente. Puedes hacerlo con una brocha, una almohadilla o un rodillo. Es muy importante que dejes que la capa base se seque del todo antes de empezar a pintar los efectos. Si la base está húmeda cuando se aplica la capa decorativa, las dos pinturas se mezclarán y se diluirán una en otra, con lo que todo el efecto se echará a perder.

2 Para conseguir el efecto retirando color con la esponja, con una brocha da, sobre la capa base, una solución de 1 parte de pintura por 4 de esmalte de veladura. El esmalte impide que la pintura se seque demasiado deprisa, dejando un poco de tiempo extra para modificar el efecto si es necesario. Da pequeños toques con la esponja sobre el esmalte húmedo, levantando la pintura para que se vea la pintura de la capa base. Aclara la esponja cuando los agujeros estén atascados de pintura.

DAR COLOR

3 Para dar color con la esponja, lo único que tienes que hacer es mojar una esponja húmeda en la pintura, y luego escurrir toda la pintura sobrante en una toallita de papel. Aprieta ligeramente la esponja contra la pared, trabajando en arcos irregulares, para que no se creen dibujos regulares. También ayuda ir cambiando la posición de la esponja en tu mano para que el dibujo varíe un poco. Aclara la esponja con agua limpia para evitar que los agujeros se atasquen de pintura.

necesitas

* esponja natural
* pintura en emulsión
* esmalte de veladura
* brocha
* cubeta

EFECTOS CON TRAPOS Y CON TRAPOS ENROLLADOS

87

El efecto que se crea trabajando con trapos y con trapos enrollados es un dibujo irregular, pero el efecto es menos sutil que con la esponja. Lo único que necesitas es un trapo que no suelte pelos ni hilos. El trapo se retuerce o se hace una bola y se usa para levantar el esmalte o para aplicar pintura sobre la capa base. Las arrugas en el trapo crean los característicos y bonitos dibujos.

TRAPOS

1 Aplica una solución de 1 parte de pintura y 4 partes de esmalte de veladura sobre la capa base bien seca. Coge un trapo que no suelte pelos ni hilos y haz una bola con él hasta que quede lleno de arrugas y líneas retorcidas. Lo único que tienes que hacer es trabajar como con la esponja para ir retirando color (mira en la página 153). Ve pasando el trapo por la superficie de esmalte húmedo con toques firmes, levantándolo después para revelar el color de la capa base.

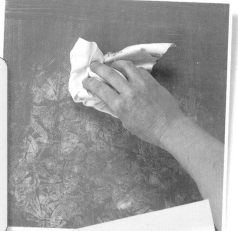

Una pared lisa es una pared sin gracia... lo único que necesita es un poquito de buen rollo.

2 Cada poco tiempo extiende el trapo y vuélvelo a arrugar bien, para que el dibujo vaya cambiando sobre toda la extensión de la pared. Si no lo haces así, existe el riesgo de crear borrones o tiras regulares, con lo que se echará a perder el efecto final.

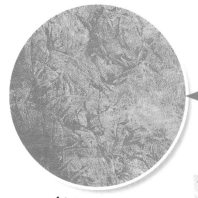

necesitas
- trapo que no suelte pelo o hilos
- pintura de emulsión
- esmalte de veladura
- brocha de pintura
- cubeta

TRAPOS ENROLLADOS

1 El método de trabajar con trapos enrollados es similar al de trabajar retirando pintura con una esponja. Da una solución de 1 parte de pintura y 4 partes de esmalte de veladura sobre la capa base. Coge un trapo limpio que no suelte pelos y enrólla-lo para que quede con rayas y arrugas. Ten a mano un par de trapos limpios listos para que puedas ir cambiando de trapo cuando sea necesario.

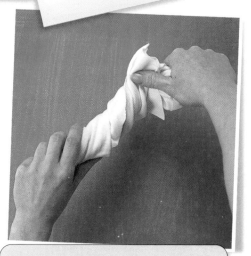

2 Mientras el esmalte todavía esté húmedo, pasa un trapo enrollado sobre la superficie desde abajo hacia arriba para crear el efecto con el dibujo creado por las arrugas. Trabaja la superficie en pasadas superpuestas para no crear franjas con el dibujo demasiado cargado.

3 Enjuaga el trapo con agua cuando esté demasiado sucio de pintura y luego vuelve a enrollarlo. También puedes pasar con cuidado una brocha grande y suave por la pared acabada para conseguir un efecto más sutil.

CON BOLSAS 88

Es algo que puedes hacer con todas esas bolsas de plástico de hacer la compra que se acumulan en casa cada vez que vas al supermercado. Las bolsas crean un dibujo muy marcado y te lo pasarás genial haciéndolo. Puedes considerarlo una forma doble de reciclaje – después de haber usado las bolsas para hacer compras, las volverás a usar para crear efectos decorativos. Después de haber acabado de usarlas para decorar, enjuágalas y llévalas a los contenedores para que sean recicladas.

necesitas

* bolsas de plástico
* trapos
* emulsión
* esmalte de veladura
* brocha de pintura
* cubeta

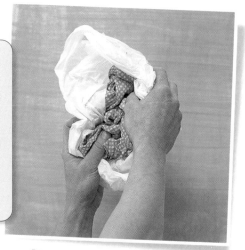

1 Mezcla una solución de pintura en emulsión con base de agua con esmalte de veladura en la cubeta, y aplícala sobre la capa base. Mete un trapo en la bolsa de plástico, y luego retuércela. El trapo se usa para dar a la bolsa un poco de volumen, formando pliegues grandes, firmes e irregulares. La bolsa sola sería demasiado endemble para poder crear por sí sola un dibujo decorativo consistente.

2 Coge la bolsa arrugada con ambas manos y vete aplastándola contra la pared con un movimiento como de amasar pan, levantando así el esmalte para revelar el color de la capa base. Tira la bolsa y cámbiala por una nueva cuando tenga demasiada pintura. Ten cuidado porque la bolsa puede deslizarse sobre la superficie de esmalte húmedo. Recuerda que debes mover la bolsa levantándola de la superficie a medida que vayas avanzando, sino podrías arruinar el efecto.

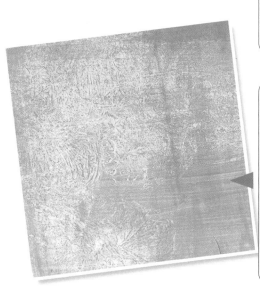

3 El resultado es un efecto moteado, pero con una diferencia; los dibujos que se crean son irregulares, pero bastante regulares al mismo tiempo. Este efecto es parecido al que se produce con trapos enrollados, pero no tiene la suavidad que da el usar un paño. Se deben tomar las mismas precauciones que en otros casos para evitar los borrones o partes con un dibujo demasiado cargado que estropeen el resultado final.

* NECESITO MÁS BOLSAS – TENDRÉ QUE IR DE COMPRAS OTRA VEZ. ¡QUÉ ROLLO!

Diversión a mansalva con un rodillo y una brocha 'flogger'

BRUÑIDO EN SECO Y EFECTOS DE ARRASTRE

89

Este efecto de pintura crea líneas finas casi iguales a las de las vetas de la madera, horizontales o verticales, sobre la capa base. El único equipamiento que necesitas es una brocha con cerdas largas y flexibles que se llama brocha 'flogger' o brocha de arrastre, que te permite pintar en líneas finas y uniformes.

necesitas

* pintura en emulsión
* esmalte de veladura
* cubeta
* brocha "flogger"
* trapo o paño
* brocha de pintar

El efecto de arrastre puede ser especialmente eficaz cuando se trata de muebles.

BRUÑIDO EN SECO

1 Da una o más manos de color base que combine o contraste con las manos siguientes. Cuando esté seca, aplica una segunda mano de pintura de emulsión mezclada con esmalte de veladura.

2 Moja una brocha 'flogger' en un poco de pintura en emulsión. Escurre la pintura sobrante en un trapo limpio, luego pasa la brocha sobre la superficie arrastrándola ligeramente. Eso producirá un efecto de arrastre aún más suave. Cuando estés pintando muebles, este método se puede usar para añadir un poco de color moteado a los bordes y molduras para crear en efecto de madera envejecida.

EFECTO DE ARRASTRE

1 De nuevo elige un color base que combinen o contraste con las capas siguientes. Da una o dos manos y deja secar.

2 Con una brocha normal de pintar mezcla una mano de emulsión con esmalte de veladura. Mientras está húmedo, arrastra la brocha 'flogger' con fuerza por el esmalte, creando líneas finas. Limpia en un paño todo exceso de pintura o de esmalte.

* ¡ES UN ROLLO!, ¿VALE

156

RODILLOS

Los rodillos también se pueden usar para crear efectos de pintura poco frecuentes. El rodillo en sí puede ser de tejido natural o de fibra sintética, y puede ser suave y blando, o tener una pelusa larga o corta. La pelusa larga es idónea para pintar obras de albañilería o superficies con textura en relieve, mientras que una pelusa corta es apropiada para superficies más lisas que necesitan pinturas de emulsión. Si estás usando pintura brillante o barniz, lo ideal es un rodillo de espuma blanda, con el que se consigue un acabado profesional. Si es pintura con base de aceite, tal vez sea difícil limpiar el rodillo, pero las fundas de espuma son bastante baratas y se pueden usar y tirar sin gastar mucho.

Rodillo de pelusa corta

USA RODILLOS SI QUIERES OBTENER UN ACABADO SUAVE Y LISO, O DIBUJOS CON TEXTURAS SALVAJES.

1 Los rodillos son ideales para pintar rápidamente grandes paredes o superficies. Usa un rodillo normal para la base de color, y luego uno con textura para crear un dibujo en la superficie. Sutil u osado – tú eliges.

2 Puedes personalizar el rodillo de espuma atando alrededor un trozo de cuerda bien fuerte para crear un dibujo de rayas irregulares. También puedes atar la cuerda de forma retorcida para conseguir un efecto aún más irregular. Para obtener un dibujo aún más irregular corta trozos, distintos entre sí, de una espuma más dura, y pégalos en tu rodillo de espuma.

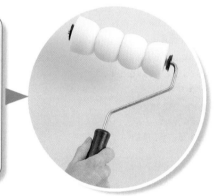

3 Existen rodillos pequeños con texturas especiales para proyectos decorativos caseros. Úsalos de la misma manera que cualquier otro rodillo; sólo tienes que mojarlos en pintura y pintar. Este rodillo que ves a tu derecha produce un efecto como de huellas de animales. El rodillo lleva pegados trozos de una espuma más blanda. Al pasar el rodillo por la pintura, esta sólo impregna las partes en relieve, creando así un efecto cuando lo pasas por la superficie. Los rodillos con textura también se pueden hacer con goma moldeada para combinar dibujo con textura.

* ¡NO, NO ME REFERÌA A LOS RULOS!

Aquí es donde puedes sacar toda tu vena imaginativa.

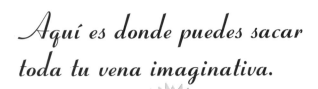

✳ ¡A POR EL ESTARCIDO, CHICAS!

ESTARCIDO 91

El estarcido, que es un tipo de artesanía muy popular, es un modo de crear motivos repetidos o sencillos sobre varias superficies, incluyendo papel y tejidos. Con el desarrollo de las pinturas termoreactivas, se pueden estampar imágenes perdurables sobre cristal y cerámica.

Los principios del estarcido son muy sencillos. La imagen se recorta de un trozo de cartulina encerada o una película de acetato. El estarcido se coloca sobre la superficie sujeta, por lo general, con tiras de cinta adhesiva o con pegamento. La pintura se aplica en poca cantidad, a través de la plantilla o estarcido, con una brocha redonda roma, como se hace con el picado o punteado. El secreto es aplicar tan poca pintura como sea posible para crear un efecto de color suave.

Se pueden usar muchos colores a la vez, pero aplicando cada color con una brocha diferente. Los estarcidos hechos a máquina se pueden comprar en tiendas de manualidades y de material artístico, o bien puedes hacer los tuyos propios.

Lo más importante es recordar que debes usar pintura especialmente pensada para estarcido o pintura acrílica que se seca rápido. Existe el riesgo de emborronar el dibujo si se usan pinturas con un tiempo de secado muy prolongado – este aspecto debe ser muy tenido en cuenta si estás intentando hacer dibujos sobre cristal o cerámica. También debes de tener cuidado y no mover la plantilla de estarcido una vez que hayas empezado a pintar, porque la imagen quedaría borrosa y difuminada. Empieza con un dibujo sencillo de uno o dos colores, y luego ve avanzando hacia dibujos más elaborados.

❶ Traza el sencilo dibujo de la margarita de la página 182 o haz uno tú misma. Cuando estés dibujando, recuerda que debes comprobar que todas las plantillas tienen un margen de acetato a su alrededor, por muy fino que sea; de no ser así, verás que tu dibujo se sale del acetato y queda borroso. Comprueba bien el dibujo antes de empezar a cortar.

CONSEJO
Si eliges utilizar este motivo repetidamente como decoración para el borde o una franja vertical, necesitarás trazar y marcar una línea que centre el motivo.

necesitas

EMPIEZA POR UN DIBUJO SENCILLO

✳ **papel y lápiz**
✳ **papel de acetato**
✳ **escalpelo**
✳ **cinta adhesiva o adhesivo líquido**
✳ **tablón de corte o una superficie firme**
✳ **plomada**
✳ **lámina grande de cartulina**
✳ **brochas de estarcido**
✳ **pintura acrílica artística: blanco, azul, verde**
✳ **paleta de pintura o tabla lisa**
✳ **toallitas de cocina**

❷ Corta un trozo de película de acetato para estarcido del tamaño apropiado y sujétalo para hacer el dibujo con cinta adhesiva. Colócalo en una tabla de cortar o una superficie firme, luego recorta con cuidado la plantilla con un escalpelo. Levanta el estarcido acabado y luego repite el proceso para hacer otro. Usa este por el lado contrario. Si por descuido, te equivocas y cortas más de lo que deberías cortar, sólo tienes que poner un parche con un trozo de cinta adhesiva transparente para repararlo rápidamente.

3 Ahora tienes que marcar la posición de cada motivo en la pared si lo que vas a hacer es un dibujo de varios elementos combinados. He aquí una manera muy sencilla de marcar una cuadrícula diagonal a gran escala. Primero cuelga una plomada de la parte superior de la pared en una posición central. Corta un cuadrado de cartulina del tamaño de la distancia entre los motivos (es decir, que el centro del motivo estará en cada una de las esquinas del cuadrado que sirve para marcar). Este espaciador puede ser tan grande o tan pequeño como tú quieras, dependiendo del tamaño del motivo.

4 Coloca el marcador detrás de la plomada de modo que la cuerda pase justo por el centro. Marca cada esquina con una cruz hecha a lápiz. Ve bajando el indicador de manera que las marcas de las esquinas superiores estén alineadas con las marcas de la esquina inferior previa y luego vuelve a marcar cada esquina otra vez.

OYE, ¿POR QUÉ NO CONJUNTAS TUS MODELITOS CON LA DECORACIÓN DE TU CASA? PIÉNSATELO, CHICA.....

5 Pega el estarcido a la pared con cinta adhesiva. Asegúrate de que el centro del motivo está justo sobre cada cruz hecha en lápiz. Pon un poco de pintura azul en la paleta, luego coge una pequeña cantidad de pintura con la brocha de estarcido. Limpia el exceso de pintura en una toallita de cocina, luego da la pintura a través de la plantilla en un movimiento de picado o punteado sólo en el centro y en las puntas de cada pétalo.

Brochas de estarcido

¡TAMBIÉN SON GENIALES PARA MAQUILLARSE!

¡Estarcidos a go go!

6 Con otra brocha, aplica del mismo modo que antes pintura blanca a la parte central de los pétalos. Da los brochazos con menos fuerza cuando llegues a las puntas de los pétalos y hacia el centro para darle un aspecto más suave y difuminado.

7 Para el tallo y las hojas, usa una brocha de estarcido más pequeña y pintura verde. Aplica pintura a las hojas en la base y las puntas, pero más escasamente en el centro para darle un efecto ligeramente curvo. El mismo método se usa para mezclar dos colores; sólo tienes que aplicar la pintura en pequeñas cantidades en el punto donde se encuentren dos colores. Usa la imagen del espejo de la margarita en estarcido para crear un dibujo floral por toda la pared.

Atrévete con dibujos más complicados cuando te sientas con más confianza.

8 Usa los mismos colores para todos los motivos con la margarita, usa una combinación constrastada para los motivos de la imagen del espejo. Si prefieres un planteamiento más sencillo, usa sólo un color, y utiliza tonos sutiles para darle más profundidad. También se pueden usar pinturas metálicas para conseguir efectos más impactantes. Elige un color cercano al tono de la base; el motivo destacará cuando refleje la luz.

SELLOS

Los sellos son bloques de madera o espuma que llevan pegado un motivo en relieve, o con un lado cortado o tallado con una figura. Esta imagen se cubre de pintura, con ayuda de un pequeño rodillo de espuma, y para estampar el motivo en la pared lo único que tienes que hacer es apretar el sello contra la superficie. Vuelve a dar pintura y repite la operación para obtener multiples imágenes. Para hacer un dibujo que ocupe toda la pared tienes que prodecer como con el estarcido, marcando su lugar en la pared. Para un borde o una franja, marca la línea horizontal o vertical con lápiz (apretando poco), o pega un trozo de cinta adhesiva en la pared, y luego alíneala con el borde superior del sello. Usa un nivel de burbuja de aire para asegurarte que las líneas verticales y horizontales están bien rectas.

necesitas

* sello
* lápiz o cinta adhesiva
* pintura acrílica
* pequeño rodillo
* paleta de pintura o tabla lisa

1 Para estampar un motivo a lo largo de un borde, decide primero a qué altura lo quieres pintar, marca luego con lápiz o con cinta adhesiva de baja adhesión. Vierte un poco de pintura en la paleta o en una tabla plana, después pasa el rodillo varias veces por la pintura para que se impregne completamente. Coge el sello en una mano y luego pasa el rodillo sobre el motivo, cubriendo de forma uniforme. Para un dibujo regular que ocupe toda la pared, usa un espaciador de cartulina como ya te he explicado con el estarcido. Para obtener un dibujo irregular, sólo tienes que apretar el sello contra la pared, e ir cambiándolo ligeramente en tu mano según la dirección de las agujas del reloj cada vez que lo estampas para que quede pintado en un ángulo diferente.

2 Aprieta el lado del sello que lleva el motivo con fuerza contra la pared en la posición correcta. Levanta el sello sin moverlo ni un ápice; si lo mueves mientras estás apretando la imagen puede quedar borrosa. Vuelve a cubrir el sello de pintura, y luego ve repitiendo para completar el borde o el dibujo de toda la pared. Lo más probable es que consigas hacer dos impresiones cada vez que des pintura, pero a partir de ahí la imagen se empezará a difuminar.

✱ CARIÑO, ¡NI TE IMAGINAS CON QUÉ HE ESTAMPADO LAS PAREDES DE NUESTRO DORMITORIO!

OTRAS IDEAS

PARA ESTARCIDOS Y SELLOS

☞ Como he mencionado anteriormente, gracias al desarrollo de las pinturas termoreactivas, se pueden pintar imágenes permanentes en superficies de cerámica. Este método también abre un amplio abanico de posibilidades para decorar azulejos o baldosines.

☞ ¿Por qué no usar estarcidos para crear un dibujo o decorar un borde en el suelo de tu cuarto, o en las tablas de madera de tu habitación o incluso en el suelo de linóleo o sintasol? Debes usar pinturas adecuadas para suelos, o para linóleo, porque la pintura normal de borraría rápidamente.

☞ Pinta la escalera de tu casa de un color y luego vete probando con estarcido dibujos a lo largo de los bordes de cada peldaño.

🪚 $ ☕

¡DALE UN TOQUE DE GLAMOUR A TU COCINA!

Dar a tu nevera un aspecto vamp 93

LOS FRIGORÍFICOS metalizados sin pintar están muy de moda, pero al ver la etiqueta del precio te puede dar un desmayo. Por suerte, se puede conseguir el mismo aspecto por una parte del precio real usando pintura metálica en spray. La pintura en spray es ideal para ser usada sobre superficies metálicas, esmaltadas o plásticas. La ventaja es que no dejan marcas de brochazos. Sin embargo, todavía hay que hacer algunas consideraciones. Primero la pintura en spray tiende a pringarlo todo de gotitas de pintura. Además, la reparación desempeña un papel muy importante. Se debe frotar a conciencia la superficie metálica o esmaltada brillante antes de empezar a pintar, sino la pintura no se adherirá bien y el resultado final será un desastre. Las pinturas en spray o para pistola se pueden conseguir con acabados suaves o repujados.

❶ Cubre todas las superficies con fundas para muebles para protegerlos de las gotitas de pintura vaporizadas. La pintura vaporizada o en spray permanece en el aire durante algunos instantes, luego se posa en todas partes y sobre cualquier objeto. Lo ideal sería que llevases la nevera fuera, cubriendo los objetos que se encuentren cerca con fundas, y luego empezar a vaporizar. Si no dispones de un jardín, tendrás que vaporizar dentro, por ello, ten cuidado de taparlo todo con fundas o sábanas, abrir bien las ventanas y llevar siempre una mascarilla.

necesitas

* nevera
* fundas para muebles
* mascarilla
* cinta adhesiva
* hojas de periódico o papel de envolver
* papel de lija húmedo y seco o una esponja de lija adecuada para metal
* paño
* pintura para pistola o en spray (2 botes bastarán para una nevera de tamaño medio)
* una lámina grande de acetato para estarcido
* escalpelo
* pintura en spray con acabado repujado

❷ Cubre toda la parte del cierre de goma de la nevera y la puerta. Pega una hoja grande de periódico o de papel de envolver en el frente de la nevera para que el interior de no se manche de pintura plateada. Ahora empieza el trabajo duro. Usa papel de lija húmedo y seco o una esponja de lija para metal. Frota bien todas las superficies que deben ser pintadas – se debe quitar todo el brillo para crear una buena base para la pintura. Luego limpia todas las superficies con un paño húmedo para que no quede nada de polvo.

3 Agita bien el bote de spray antes de empezar a vaporizar. Para conseguir mejores resultados, da varias capas finas, dejando que cada una de ellas se seque antes de dar la siguiente. Ni se te ocurra intentar ahorrar tiempo dando una capa muy gruesa; podría chorrear o apelmazarse, con lo cual el resultado quedaría bastante feo. Mantén el bote recto; la boquilla debe estar situada a unos 20-25 cm de la superficie. Agita el bote de vez en cuando, para asegurarte que la pintura está bien mezclada. Pinta la puerta del mismo modo.

✱ !Y HE ENCONTRADO UN COCKTAIL ESTUPENDO QUE COMBINA CON MI CONJUNTO!

✱ ¡UAU, UN FRIGORIFICO DE LA ERA ESPACIAL!

4 Cuando toda la pintura esté seca, corta una lámina grande que se ajuste a la puerta de tu nevera. Tal vez necesites añadir algunos trozos para conseguir el tamaño adecuado. Sobre un trozo de papel, traza a mano un motivo o forma grande y divertida, como un corazón, una estrella, una letra o cualquier cosa graciosa que se te ocurra.

5 Corta el motivo cuidadosamente con el escalpelo. Quita la puerta de la nevera y pega encima el estarcido. Agita el bote de pintura es spray con acabado metálico repujado, y aplica una capa fina a través del estarcido. Cuando la pintura se seque, quita con cuidado el estarcido. Retira toda la cinta adhesiva, y vuelve a colocar la puerta en su sitio.

Y ahora algunas técnicas para quitar la pintura de los muebles

QUITAR LA PINTURA DE LOS MUEBLES 94

Es más difícil quitar la pintura vieja de los muebles que de una superficie lisa porque es muy posible que tengan todo tipo de recovecos, patas, tablones y partes decorativas o molduras. Quitar la pintura de una silla puede ser un trabajo muy frustrante – acabas de quitar la pintura de todas las superficies visibles, y al darle la vuelta a la silla, resulta que todavía te quedan partes con la pintura intacta. Lo mejor es poner la silla boca abajo, y retirar la pintura de las superficies inferiores que sean fácilmente accesibles. Luego ponla otra vez de pie, y trabaja en cada uno de los lados, y después las superficies lisas y el asiento. Este el principio general con casi todos los muebles – tienes que observarlo desde todos los ángulos. No es que existan muchos otros métodos para hacer este trabajo.

* ¡SABER «QUITAR» ES UN TIPO DE ARTE!

necesitas
* pistola de aire caliente
* disolvente químico para pintura
* esponja de alambres
* aguarrás
* rasqueta
* cuchillo de rellenar flexible
* periódicos viejos

AIRE CALIENTE

1 Una pistola de aire caliente es ideal para quitar la pintura vieja de la mayoría de las superficies. Sólo tienes que apuntar con la pistola sobre la pintura, apretar el gatillo y dejar que el aire vaya disolviendo y deshaciendo la pintura. Luego podrás retirar fácilmente la pintura con una espátula o una rasqueta bien afilada. Usa periódicos viejos para ir recogiendo los restos de pintura del filo de la rasqueta. Recuerda que la pintura disuelta está caliente, así que no dejes que te caiga en los dedos o en la piel. Procura no quemar la madera – esto no es un problema si luego quieres pintar, pero podría dejar marcar si usas un acabado de tinte o barniz.

CONSEJO
Recuerda que debes neutralizar el disolvente químico como se indica en las instrucciones antes de barnizar o pintar.

RASCADOR DE ESPÁTULA

2 Los disolventes químicos hacen el mismo trabajo pero no dejan marcas en la superficie, lo cual es bueno para objetos lisos, y también para molduras o maderas delicadas. Lo único que debes hacer es aplicar una buena cantidad de disolvente con ayuda de una brocha y dejarlo actuar el tiempo que sea necesario. La pintura se irá agrietando y derritiendo y será fácil de retirar después. También con este método, ten a mano un montón de hojas de periódico para ir limpiando los restos de pintura de la espátula.

RASQUETA

3 Una rasqueta afilada es una herramienta que viene de perlas cuando estás retirando pintura de algún mueble. La base triangular tiene una forma diferente en cada uno de los lados y tiene bordes puntiagudos, que están pensados para poder llegar a todos los rincones, incluso los más inaccesibles, y para las molduras.

¿Cansada de los muebles viejos? ¿Y encima sin un duro? Dales una nueva imagen

PINTAR MUEBLES

El mismo principio se puede aplicar al trabajo de pintar muebles. Idea un método y atente a él: pinta primero los bajos del mueble, y luego un lado de cada vez. Para los muebles de madera la regla de oro es pintar siguiendo la dirección de las vetas. Al igual que en la mayoría de los trabajos de pintura, es mejor dar varias capas finas que una gruesa. Puedes pensar que te haces un favor, pero una capa gruesa en realidad no ahorra tiempo. Usa bochas pequeñas para llegar a zonas menos accesibles.

MELAMINA

La melamina es muy resistente al desgaste, es barata y fácil de limpiar. Si estás harta de tus módulos de cocina en melamina, o de una cajonera hortera, o de un armario ropero anticuado con un acabado de imitación madera, la verdad es que resulta más barato darle una manita rápida de pintura con un toque chic que deshacerse de todo el conjunto de la mañana a la noche. Usa pintura especial para melamina junto con tapaporos o impermeabilizador para melamina.

necesitas

* papel de lija seco y húmedo, o una esponja de lija
* paño
* recipiente para rodillo
* rodillo de pintura
* tapaporos para melamina
* pintura para melamina
* destornillador

1 Desatornilla y quita todos los tiradores. Frota todas las superficies que van a ser pintadas con papel de lija seco y húmedo o una esponja de lija. Los preparativos son parecidos a los de la superficie metálica. La superficie brillante de la melamina debe ser frotada a conciencia para crear una buena base para el tapaporos. Echa un poco de pintura para melamina en el recipiente del rodillo, carga el rodillo, y da una capa fina y homogénea a todas las superficies preparadas. No te olvides de los bordes y de los bajos de las puertas.

2 Cuando el tapaporos esté completamente seco, da una capa de melamina del color que tú elijas. Quizás tengas que dar dos capas para cubrir bien y de forma homogénea. Deja que cada capa se seque antes de dar la siguiente. Vuelve a colocar los tiradores u otro tipo de accesorios cuando la pintura se seque – también puedes colocar tiradores nuevos. Tira los viejos o guárdalos para volverlos a usar en otro proyecto.

3 Un trabajo de pintura recién acabado le da realmente un aspecto diferente a los muebles y es lo que necesitas para estar satisfecha mientras ahorras para renovar completamente tu cocina.

* ¡Y TODAVÍA ME QUEDA TIEMPO PARA COCINARLE ALGO CON FUNDAMENTO PARA LA CENA!

165

Cómo trabajar como si fueras una profesional

He aquí un nuevo catálogo de posibles efectos que pueden probar cuando pintes tus muebles. La mayoría de ellos son adecuados para muebles, o pequeños objetos de decoración, como los marcos de las fotos o las cajas para guardar cosas. Los objetos de más tamaño, como por ejemplo, las puertas, también se pueden beneficiar de estos efectos especiales, pero en general no son adecuados para superficies mayores, como las paredes.

ENVEJECIMIENTO   96

Se trata de un método increíblemente fácil de dar a tus muebles un aspecto envejecido, casi antiguo. Puedes hacer que un mueble baratucho de mala calidad, parezca un objeto heredado de algún antepasado. Prepara todas las superficies que deben ser pintadas como de costumbre, luego aplica dos o más capas de tu color base, dejando que cada capa se seque antes de aplicar la siguiente.

¡Recuerda que lo que tiene que envejecer es solamente la madera!

necesitas

* Papel de lija o esponja de alambre muy áspera
* Betún para zapatos, de un color oscuro o tostado
* paño suave

1 Con papel de lija o una pequeña esponja de alambre muy áspero, frota todas las partes que supuestamente se han ido desgastando con el paso del tiempo (o de los siglos, si quieres crear un mueble que parezca heredado de algún antepasado tuyo): los bordes, las esquinas, los tiradores redondos de los cajones, así como los bordes de las molduras en relieve. Tienes que quitar la capa superior de pintura de estas partes para que se vea la madera que está por debajo.

*¡Y HE AQUÍ EL EFECTO FINAL! ¡ANTIQUÍSIMO!

2 Limpia todas las partículas de pintura y de polvo con un trapo húmedo. Ahora aplica un poco de betún o crema para los zapatos con un trapo en las zonas lijadas. Esto le dará un aspecto ligeramente manoseado, desgastado y envejecido. Este efecto se puede potenciar añadiendo una capa de barniz ligeramente teñido después de la última mano.

3 Con un trapo suave, saca lustre al objeto hasta que quede ligeramente brillante.

EFECTOS POR RESISTENCIA 97

Se trata de otra manera de dar a tus muebles un efecto gastado o deteriorado. El resultado es más sorprendente si se usan dos pinturas de colores contrastados, o un tono claro y otro oscuro del mismo color. Consiste en la aplicación de una capa de cera de abeja a algunas partes que luego van a ser pintadas. La mano siguiente ya no se adherirá a la cera, y debe ser frotada para que se vea la capa de color que va por debajo. Se puede conseguir el mismo efecto frotando una vela sobre la superficie – la cera de las velas se comportará del mismo modo que la cera de abeja.

necesitas

* pintura en emulsión de dos colores
* cera para muebles (de cera natural)
* trapo suave
* brocha de pintura
* esponja de alambres

1 Da una buena capa al objeto que va a ser tratado con el efecto de resitencia. Tal vez sean necesarias dos o más manos para cubrir totalmente. Deja que cada una de las capas se seque antes de dar la siguiente, y luego deja que la base se seque del todo antes de continuar.

2 Cuando la pintura se seque, frota cera de abeja o cera natural para muebles sobre la superficie del objeto con un trapo seco. Hazlo de un modo desordenado y al azar, dejando aquí y allá espacios sin cubrir de cera. Con una brocha, da una mano de una pintura con un color contrastado. Luego deja el objeto a secar el tiempo que sea necesario.

3 Cuando la última capa esté totalmente seca, frota con fuerza la superficie con una esponja pequeña de alambres. La cera actuará como una resistencia, por eso la capa superior no se habrá adherido y saldrá con facilidad para revelar el color contrastado de las capas inferiores.

✳ ¿NO TE PARECE IRRESISTIBLE ESTE EFECTO?

VETAS DE LA MADERA

98

Dos pinturas de colores diferentes y un aparatito llamado granelador es todo lo que necesitas para conseguir este efecto de vetas en dos tonos. El aparato o herramienta tiene un mango de plástico con un cepillo curvo al final. El cepillo lleva moldeados unos surcos, que al pasarlos por la capa superior de pintura, trazan el dibujo de las vetas de madera – muy ingenioso. Puedes dar bien el pego trabajando con esta herramienta sobre una superficie de madera comprimida, o incluso melamina, para conseguir un efecto de vetas de madera falsas. También pueden usar colores atrevidos y picarones.

¡PARECE AUTÉNTICO!

1 Da una o dos capas a la superficie que va a ser decorada, dejando después que se seque. Cuando esté bien seca, aplica una capa gruesa de un color contrastado sobre la capa base. Si estás trabajando sobre una zona muy grande, añade un poco de esmalte de veladura a la capa superior para que no se seque demasiado rápido.

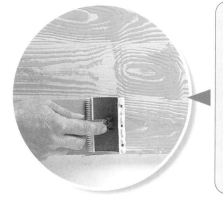

2 Coloca el granelador sobre la capa superior aún húmeda, y pasa la parte de los surcos por la pintura, oscilando de vez en cuando a medida que vas trabajando. El movimiento oscilatorio producirá el delicado efecto de los nudos. Dibuja líneas verticales como las de la imagen hasta que toda la superficie esté completa. Intenta asegurarte que los 'nudos' están colocados en diferentes posiciones sobre la superficie del objeto que estás decorando.

3 Usa colores brillantes con contraste para conseguir un acabado divertido, o colores naturales más discretos para un efecto de madera auténtico.

✳ **¡VETAS SIN DOLOR!**

necesitas

✳ pintura de emulsión en dos colores
✳ granelador
✳ brocha de pintura

ESMALTE CRAQUELADO

¡VE CON TUS PROPIOS OJOS CÓMO VA CAMBIANDO LA PINTURA!

Este efecto de pintura esté ideado para imitar el aspecto agrietado de la pintura vieja y descascarillada. Puede comprar un juego de esmalte agrietado en las buenas tiendas de material para bricolaje o trabajos manuales. El juego contendrá todo lo que necesitas, incluido un aplicador y las instrucciones completas. El juego que yo usé contenía una base de un color dorado metalizado, y una capa superior de color marfil. Estos productos son solubles al agua, por ello es fácil limpiar luego las brochas. El efecto agrietado está causado por la acción de secado del barniz craquelado, que actúa sobre la capa superior, de manera que esta superficie se agrieta, dejando ver el color de la capa que está por debajo. Se puede ver cómo este efecto se produce lentamente a medida que la pintura se va secando, pero también lo puedes acelerar con ayuda de un secador de pelo.

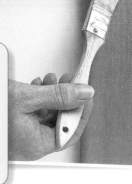

1 Con el aplicador da una capa base a la superficie que va a ser decorada. Deja que la pintura se seque del todo antes de dar el siguiente paso.

2 Con una brocha limpia, da una capa del barniz craquelado especial, con cuidado de pintar en la misma dirección que la capa base.

3 Cuando la capa de barniz craquelado esté seca, ya puedes dar la capa de color. Como antes, pinta en la misma dirección, y esta vez ten cuidado de no pintar más de una vez sobre la misma zona porque esto podría estropear el efecto. Deja el objeto a secar. Seguramente el efecto de craquelado empezará enseguida, pero la velocidad del proceso dependerá de la temperatura del aire.

4 Verás como poco a poco van apareciendo grietas sobre la superficie. Si tienes mucha prisa, puedes acelerar el proceso con un secador de pelo a temperatura media.

necesitas

* juego de esmalte craquelado
* objeto para decorar
* secador de pelo (opcional)

✱ ¡MENOS MAL QUE EL MARCO DE MIS FOTOS ES LO ÚNICO QUE ESTÁ ENVEJECIENDO PREMATURAMENTE¡

Y por fin....

ENCALAR MADERA 100

Un tratamiento sutil para madera pintada o sin pintar. La cera de encalar realza las vetas, aclara la madera y le da un acabado suave y pálido.

Número 100, y ¡sin haber necesitado a un hombre (el bricolaje es así)!

✳ ¡Y ESO ES TODO, AMIGAS!

necesitas
✳ brocha de alambres duros
✳ cera de encalar
✳ esponja de alambre
✳ trapo sin hilos ni pelos
✳ cera de acabado claro

❶ Asegúrate de que el objeto que vas a encalar está seco, limpio y que no tiene grasa. Para empezar tienes que levantar la fibra de la madera. Para ello, frota con fuerza con un cepillo de alambre duro y agua siguiendo la dirección de las vetas. La humedad y la aspereza de los alambres levantarán la fibra o el grano de la madera. Deja secar en un sitio donde no el objeto no esté expuesto al frío.

❷ Pon un poco de cera de encalar en una esponja de alambre. Trabajas por partes pequeñas, aplicando la cera en movimientos circulares. Estos movimientos contribuyen a que la cera entre bien en las vetas. Sigue frotando hasta cubrir toda la superficie. Deja secar durante algunos minutos.

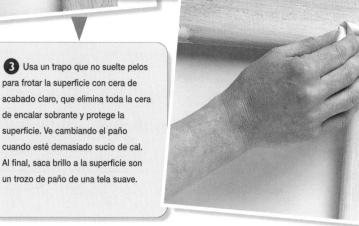

❸ Usa un trapo que no suelte pelos para frotar la superficie con cera de acabado claro, que elimina toda la cera de encalar sobrante y protege la superficie. Ve cambiando el paño cuando esté demasiado sucio de cal. Al final, saca brillo a la superficie son un trozo de paño de una tela suave.

Cuando ya pensabas que el libro se acababa, he aquí algunos trucos más para decorar

OTRAS SUGERENCIAS

Ahora que ya conoces los rudimentos de la decoración y los efectos de pintura, te darás cuenta de todo lo que puedes hacer con una manita de pintura y una pizca de imaginación. Antes dije que, si valía la pena trabajar un efecto, valía aún más la pena hacerlo hasta el límite – pues, bueno, en el caso de la pintura, cuanto menos mejor, es decir: a veces un efecto de pintura resulta más apropiado si lo combinamos con una superficie pintada de un color sencillo para crear un contraste bonito, mejor que buscar efectos muy recargados (a no ser que sea eso lo que tú pretendes, claro). Prueba un efecto primero sobre una pared para ver si te gusta o no, y si te gusta el resultado, puedes pintar del mismo modo toda la habitación.

En el caso de los muebles, la cosa es un poco diferente, pero un cuarto puede ser un punto de partida para experimentar, con lo cual siempre tienes un amplio margen para probar efectos y dejarte llevar. Si todo lo que pruebas te disgusta o no te convence, siempre puedes volver a pintar encima o difuminar un poco – a fin de cuentas, ¡se trata sólo de pintura! Ya hemos abordado algunos efectos que puedes probar cuando quieras pintar tu cuarto, pero quedan todavía un montón de ideas que puedes intentar aplicar si te sientes con ganas de tener nuevas experiencias....

EN ESTA COCINA VEMOS UN MURAL LLENO DE COLOR QUE CONTRASTA CON EL TONO SENCILLO DE LOS MUEBLES

¡PUEDES HACER UNA DECORACIÓN DIFERENTE CADA DÍA CON UNA PARED DE PIZARRA! SÓLO TIENES QUE ELEGIR UN DIBUJO Y CUANDO TE CANSES DE ÉL, ¡BORRARLO Y HACER UNO NUEVO!

¿POR QUÉ NO INTENTARLO?

Dorado el oro falso y la hoja de plata se pueden comprar en tiendas de material artístico y para trabajos manuales por una pequeña parte de lo que costaría el oro o la plata auténticos. Prueba con un pequeño mueble o en pequeñas zonas de una pared para obtener una imagen realmente moderna. También puedes decorar tus estanterías cubriendo los bordes con un ribete plateado o dorado.

Recortes hojea tus revistas de decoración e interiores y escoge imágenes y motivos bonitos. Recórtalos con cuidado y pégalos sobre un mueble, una caja para guardar cosas o un objeto decorativo. Si lo barnizas bien y le das un buen acabado, el efecto puede ser bastante asombroso, ¡como si lo hubieras pintado tú misma a mano!

Pintura para azulejos usa un tipo de pintura especialmente pensada para azulejos o baldosines para dibujar a mano motivos rústicos en los baldosines de la cocina o del cuarto de baño. ¡Y puedes decir a tus amigas que te los has comprado en Italia!

Mosaico de papel un pequeño trampantojo: sólo tienes que recortar trocitos de papel, pégalos y luego da una capa de barniz. ¡De lejos parece auténtico!

✱ LO SIENTO, ESTOY AGOTADA, ¡ME HA PASADO TODO EL SANTO DÍA DECORANDO LA CASA!

LO QUE NO DEBES HACER

Cuando te puede ser útil un hombre...
guía para saber cuándo recurrir a los expertos,
cómo hablar su lenguaje y consejos para
negociar un precio justo por el trabajo.

Aquí viene él

Creo que realmente hay ocasiones en las que una chica tiene que hacer lo que una chica tiene que hacer.

Bien, ahora que sabes cómo llevar a cabo 100 cosas para las que no necesitas a un hombre, es el momento de revisar algunas otras que requieren la atención de profesionales. Aunque los trabajos de bricolaje puedan ser una actividad para disfrutar, eso no quiere decir que vayas a pasar el resto de tu vida haciéndolos. Algunas veces es mejor morder el anzuelo y hacer una llamada al hombre que pueda hacerlos. De todas maneras, hay algunas cosas que considerar primero. Gastar un poco de tiempo y esfuerzo para cerciorarte de que el hombre al que llamas es un verdadero profesional compensa en todos los sentidos. Recuerda, un trabajador eficiente y de confianza vale su peso en oro, por lo que es mejor elegir con mucho cuidado.

❋ ¡HUM!... DIEZ TAZAS DE TÉ, CUATRO BANDEJAS DE BISCOCHITOS, Y ESE TUBO TODAVÍA NO ESTÁ ARREGLADO.

CUÁNDO LLAMAR A UN HOMBRE

¿Cuándo llamar a un trabajador? Aquí se te muestran algunos consejos básicos que te ayudarán a decidir el mejor camino. Las primeras consideraciones tienen que ver con si el trabajo es peligroso, y luego están los otros trabajos para los que puedes no tener la fuerza suficiente para realizarlos. Otro punto a recordar es que si el trabajo en cuestión es de mucha envergadura, vas a necesitar tenerlo hecho antes de abordar cualquier otro trabajo de decoración.

Las principiantes entusiastas de trabajos de bricolaje deberían evitar cualquier cosa que tenga que ver con trabajos profesionales de electricidad, como por ejemplo poner una nueva caja de enchufe, redireccionar cables o realambrar. Las propiedades antiguas pueden tener viejos sistemas de alambrado que necesitan ser completamente reemplazados. Esto no es imposible, por supuesto, pero en lo que se refiere a electricidad, realmente necesitas saber lo que estas haciendo. Por tu seguridad y la de los otros, aquí es cuando necesitas llamar a los profesionales. Los aparatos de gas como los calentadores, deben ser siempre reparados o instalados por un técnico cualificado. Así como la electricidad, el gas es muy peligroso y bajo ninguna circunstancia debes intentar arreglar por ti misma estos aparatos.

Los trabajos mayores de fontanería requieren del conocimiento y la fuerza de un profesional. Arrastrar la bañera u otro mueble del baño no me parecen a mí que sean los trabajos más ligeros. Ni tampoco colocar metros de tubería debajo del piso o cualquier cosa que tenga que ver con sistemas de drenaje mayores.

La humedad y sus consecuentes efectos en la madera, daños estructurales que ocasionan problemas con los cimientos, o daños en el exterior o el tejado pueden resultar serios y costosos. No intentes arreglarlos por ti misma a menos que el problema sea una simple obstrucción como el atasco del sumidero (ver página 48).

ES LA VIDA... PERO NO EN LA FORMA EN QUE LA CONOCEMOS

SÓLO TIENES QUE SABER EXACTAMENTE CON LO QUE ESTÁS TRATANDO

EL TRABAJADOR

Los trabajadores son una especie completamente diferente, y una chica necesita investigar sus hábitos. Muestran ciertas características y maneras de actuar exactamente en el momento anterior a tratar el asunto del dinero: un imperceptible movimiento en los labios, un suspiro profundo normalmente combinado con un movimiento para rascarse o un movimiento de la cabeza. Entonces ellos dicen: '¡esto le va a costar!' El nivel de drama al que se llega en estos preámbulos indica el nivel de 'vaquero' que sea el hombre. Esto, en combinación con terminología vacía, debería sugerir que debes de darle las gracias al hombre por su tiempo, y tacharlo de tu lista.

ACCESORIOS

☞ taza de té con cuatro cucharadas de azúcar

☞ periódico

☞ zapatos llenos de barro

☞ múltiples expresiones faciales

☞ asistente inepto (opcional)

☞ lápiz detrás del oído

☞ certificado en filosofía de bolsillo no muy diferente al de un taxista

Camisa de leñador
Salpicada normalmente con yeso o pintura, para lograr ese auténtico estilo de «he estado trabajando realmente muy duro».

Té
Este hombre existe en estado de seminconsciencia, pero ponle mucha azúcar en el té, necesita un montón de calorías para hacer sus negocios.

Herramientas
Tendrá una enorme bolsa de herramientas, ¿pero irá a usar alguna? Y también vigila que sus botas sucias no ensucien tu alfombra nueva.

✱ ¿DÓNDE ME ESTOY METIENDO?

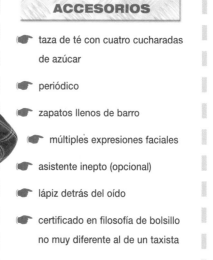

Decidir lo que puedes y no puedes hacer

TRABAJOS MAYORES DE CONSTRUCCIÓN

TRABAJOS PESADOS

Es absolutamente viable el que tú misma quites cosas como vigas de paredes divisorias (¡yo ya lo he hecho, pero con la ayuda de un amigo y de un martillo de dos manos!) Sea como sea, otra cosa más consistente debe primero ser revisado por alguien que sepa y luego ser manejado por alguien que pueda. ¿Cuál es una pared divisoria y cuál no? En terminos generales, si tú golpeas una pared y suena hueca, entonces es probable que sea hueca y por lo tanto que esté hecha de yeso sobre un marco de madera (los soportes verticales son llamados vigas). Si suena como si fuera sólida, no la golpees con nada hasta que se determine si es o no crucial para la estructura de la construcción –

✳ PODRÍA HACERLO POR MI MISMA, PERO PODRÍA ROMPERME UNA UÑA...

puedes ser muy simpática para tus vecinos de arriba, pero no te gustaría tenerlos a ellos golpeando sobre el techo del salón.

No intentes quitar o alterar el soporte o el muro de carga. Esta ahí, como el nombre lo indica, para dar soporte a otras partes de la construcción. Si quieres desesperadamente quitar todas las paredes de tu apartamento, ventanas más grandes o puertas de patio donde no hay ninguna, contrata a un profesional para hacerlo. Las puertas de paso y las ventanas tienen soportes horizontales a través de la parte superior de la abertura. Si golpeas y retiras esto sin instalar otro soporte temporal, puedes realmente tener un problema. No te arriesgues.

El revestimiento del piso es otra zona que puede requerir un tratamiento bastante intenso y pesado. Trabajos como reemplazar pisos suspendidos o dar cola a un piso de hormigón son realmente pesados. Cualquier cantidad grande de hormigón requiere una mezcladora mecánica – y una gran cantidad de sudor. Para evitar lastimarte a ti misma, el camino más suave sería llamar a los profesionales.

NOTA

No se te olvide que si intentas arreglar cualquier aparato y te metes en problemas, puedes afectar el seguro o la garantía del producto. Los fabricantes regularmente cobran por reparar las «reparaciones» que tu les autoinflingiste.

Identifica el problema y aprende su vocabulario específico

HAZTE CON EL IDIOMA DEL TRABAJADOR

QUÉ ES LO QUE TIENES QUE PEDIR Y CÓMO PEDIRLO

Ya que sabes cuándo tienes que llamar a los profesionales, lo que necesitas saber ahora es exactamente qué pedir. Haz lo posible por familiarizarte con el problema antes de hacer la llamada. Escribe algunas notas antes de telefonear para que cuando el trabajador te responda puedas darle suficiente información que le ayude a entender el problema. 'Mi...este... ¿cómo se llama?...er...er' no le va a ayudar en nada a entender lo que pasa.

Aprender los nombres específicos de los accesorios y las piezas, así como algunos términos técnicos es muy recomendable porque vas a ser una persona a la que no se le puede engañar. Incluso si puedes ser engañada, no se lo dejes saber. El trabajador profesional tiene sobre ti una ventaja de muchos años y experiencia y el vocabulario específico relacionado con su negocio que te dejará completamente confundida. La gran mayoría de esas palabras son abreviaturas de términos familiares sólo para aquellos que tienen acceso al mundo sagrado de la fontanería y electricidad. Intenta no parecer confundida – eso sería como ser el capote rojo para el toro si la persona con la que tratas tiene algo de salvaje. ¡Recuerda, el conocimiento es poder!

HAZ TUS DEBERES

Un trabajador con reputación claro que no intentará tomar ventaja, pero la primera regla es no confiar en nadie – ¡todavía! Trata de obtener toda la información como sea posible del trabajo que quieres que te realicen. Ve a la biblioteca y busca un libro que hable sobre el tema o a la tienda de bricolaje donde tengan folletos e información gratuita.

También puedes ir con algunos comerciantes de la construcción o a comercios distribuidores. Me he dado cuenta de que la mayoría de las veces los empleados, si se lo sabes pedir, se alegran de poder ayudarte y darte información. También saca tanta información como puedas de todas las personas a las que les hayan hecho un trabajo de naturaleza similar al tuyo. Ellos ya estarán familiarizados con el habla del trabajador y te darán un curso rápido en comunicación.

TÓMATE TU TIEMPO

Siempre recuerda: no te sientas presionada a nada. Si te sientes completamente confundida y llena de dudas, entonces retírate y tómate tu tiempo para pensar – tomar uno o dos días no afecta en nada. Si al trabajador no le gusta mucho esto, entonces tal vez no sea el indicado para hacer el trabajo.

HABLA EL HABLA

- 'Llevará alrededor de dos semanas.' Traducción: 'llevará alrededor de dos meses.'
- 'Sólo voy a tomarme un pequeño descanso.' Traducción: 'desde luego no regreso hasta mañana.'
- 'Sólo voy a salir para buscar algunas piezas.' Traducción: 'la veo de aquí a dos semanas.'
- 'Esto le va a costar.' Traducción: 'probablemente pueda darle cualquier precio porque parece como si no tuviera idea de lo que hablo.'

* ¡ALGUNAS VECES HABLAR SIMPLEMENTE NO ES SUFICIENTE!

Esta vez no puedes confiar en cualquiera

CÓMO ENCONTRAR AL HOMBRE CORRECTO

Necesitas los servicios de alguien que pueda hacer el trabajo – ¿pero cómo lo encuentras? En primer lugar debes comenzar con tu propia agenda. Pregúntale a todos tus amigos a los que les hayan hecho algún trabajo para que te den su opinión en relación al servicio que tuvieron. Vas a ver que todos tienen su propia historia que contar sobre su experiencia con el trabajador, pero entre todos te pueden informar sobre los de más confianza y puntuales. Una recomendación personal es una información muy útil, así que úsala. Muchos trabajadores se han construida una buena (y mala) reputación a lo largo del tiempo, y normalmente se quedan encantados de que hayas llegado hasta su negocio por la recomendación de un cliente satisfecho.

TRABAJO DE DETECTIVE

¿Nadie que conozcas ha tenido necesidad de un trabajo como el tuyo? Revisa la lista telefónica de tu localidad. A los trabajadores normalmente les gusta quedarse en su propia zona de base, por lo que es mejor escoger uno que esté cerca de donde vives. La mayoría de los trabajadores profesionales están registrados en sindicatos relacionados con su oficio: esto normalmente está indicado con unas siglas después de su nombre o del nombre comercial. Evita los que no constaten esto en su aviso o si lo hacen, verifícalo y táchalos de la lista si no están oficialmente reconocidos por su sindicato correspondiente. Haz una lista pequeña de más o menos seis nombres. Llámalos a todos, diles lo que necesitas y cuando, los buenos trabajadores siempre están ocupados, por lo que los horarios deben ser importantes para ellos también. Además, si no están ocupados, te puedes preguntar por qué no lo están.

SABER LOS PRECIOS

Bajo ninguna circunstancia aceptes nada por teléfono. El contratista debe ir hasta tu casa y primero hacer una inspección y después calcular el coste. Pide presupuestos de diferentes compañías y siempre pídelas por escrito. La mayoría lo hace sin coste alguno como manera de hacer crecer el negocio. Un trabajador profesional no intentará estafarte: su reputación reside en ofrecer buenos servicios. No se te olvide que tú eres tan importante para él como él para ti.

Pide siempre el presupuesto por escrito y desglosado con toda la información sobre el trabajo, si es posible. Cuando tengas los precios estimados, siéntate y considera las opciones – lo más barato no es necesariamente lo mejor. ¿El trabajo incluye algún trabajo previo? ¿Puedes reducir el precio haciendo cosas por ti misma, o vas a tener que hacerlas de cualquier manera? ¿Estarán ellos subcontratando el trabajo? ¿La compañía está asegurada?¿Garantizan el trabajo por cierto periodo de tiempo? Es mejor hacer todas las preguntas antes de que el acuerdo esté hecho.

* ¡HUM! A BRAD SE LE DA MUY BIEN TRABAJAR LA MADERA, Y FRANK ES UN VERDADERO MANITAS, ¡PERO LO QUE YO NECESITO ES UN FONTANERO!

QUE NO SE TE OLVIDE

☛ Pídele a tus amistades y vecinos recomendaciones.

☛ Haz una pequeña lista de compañías y obtén por escrito los precios estimados de cada una.

☛ Tómate tu tiempo en revisar los costes estimados, no dejes que nadie te presione en tomar una desición.

☛ Consigue siempre un presupuesto final por escrito con todas las especificaciones del trabajo que va a ser hecho.

☛ Paga puntualmente si quedaste satisfecha con el trabajo.

Y para terminar siempre, siempre, siempre pon el acuerdo final por escrito. Esto evitará confusiones y frustraciones. Si el trabajador que vas a contratar es independiente, probablemente no use contratos, pero lo que sería bueno que hicieras una nota de cualquier acuerdo que hayáis tenido en relación al trabajo, los horarios, el anticipo o el pago, así que pon por escrito todo para confirmarlo y para evitar cualquier confusión en el proceso.

Otro punto a tener en mente es si el contrato o la garantía emitida por escrito tiene validez legal – puede estar llena de palabras técnicas que en realidad no signifiquen mucho. Si tienes dudas, busca una segunda o una tercera opinión.

CUÁNTO PAGARLE

A nadie le gusta pagar de más por un trabajo, pero es bueno pagar una cuota razonable por un trabajo profesional bien hecho. Decidir qué cantidad es un precio razonable puede ser lo difícil. Otra vez, pregunta a las personas que hayan necesitado de trabajos similares al tuyo, examina los precios con cuidado y busca segundas opiniones. Tomándote tu tiempo en comparar toda esta información, probablemente te harás una buena idea del coste y los precios que debes esperar.

Si el proyecto completo se ha encarecido y tu economía resulta insuficiente, es mejor parar el trabajo hasta que puedas afrontarlo – no te vayas por una opción más barata si significa un trabajo de calidad inferior. Si el trabajo cuesta hacerlo, entonces merece la pena pagar por él para que esté bien hecho.

Un buen trabajador siempre estará abierto para negociar un poco (pero no intentes abusar de él – él puede hacer lo mismo contigo fácilmente) ¡Siempre sé honesta y juega limpio! Una vez que todos los acuerdos estén sobre la mesa, deja que comience el trabajo. Con suerte, esta experiencia resultará relativamente indolora y vas a quedar encantada con el resultado – si es así, paga bien y puntualmente. Los trabajadores autónomos viven del trabajo que les va saliendo, así que no te hagas la difícil con ellos. Si has encontrado un profesional de confianza y eficiente, queda bien con él. Nunca sabes cuándo puedes necesitar de otro trabajo en el futuro.

PROBLEMAS

Si no has tenido ningún problema, dilo. Asegúrate de que tú y el obrero sabéis exactamente lo que está sucediendo – manteneos en contacto y pídele que te diga cómo se va desarrollando el trabajo. Hazle saber si ha cometido errores y si has cambiado de idea en relación a cualquier aspecto del proyecto, no importa que sea grande o pequeño. Y si desgraciadamente se presenta un desastre, haz una queja oficial en el sindicato donde el trabajador esté inscrito.

Un trabajador competente vale su peso en oro

❋ ¡PON EN MARCHA TU ARMA PARA NEGOCIAR Y MANOS A LA OBRA!

CONSEJO

Cuando ya hayas elegido y el trabajo haya comenzado, asegúrate de tener gran cantidad de té y bollitos – es el combustible que hace funcionar al trabajador.

Guía de mantenimiento de la casa

Actualízala con regularidad — para eso es para lo que está.

ESTA ES LA LISTA de las cosas y la información que tienes que recordar y tener a mano en caso de emergencia y para los procedimientos del mantenimiento regular. Si no sabes dónde están tus facturas de compra y las garantías, búscalas y haz una nota de ellas ahora en esta página junto con las fechas y los servicios anuales. Ten una lista de todos los problemas que hayan ocurrido, cuándo han ocurrido, cuándo se han arreglado y quien lo ha hecho. Cuando te mudas realmente resulta una buena idea el familiarizarte con los lugares de todos los 'controles' importantes de tu casa. Guarda todas tus notas juntas en un lugar seguro para que puedas dárselas a los nuevos propietarios en caso de que te mudes.

¿DONDE?

Servicios esenciales
cajas de consumo

CONDUCTO PRINCIPAL DE GAS ABIERTO/ /CERRADO	CANALIZACIÓN PRINCIPAL DE AGUAS ABIERTA/ /CERRADA INTERNA Y EXTERNA	LÍNEA PRINCIPAL DE ELECTRICIDAD ENCENDIDA/ /APAGADA (En tu caja deconsumo fíjate en qué fusible se ocupa de qué circuito, por si necesitas aislarlo.)	CONTROLES CENTRALES DE LA CALEFACCIÓN	TANQUES DE AGUA

¿CUÁNDO?

Haz una nota de las fechas de los servicios anuales y de las renovaciones de los contratos de servicio y otras cosas importantes que recordar.

MANTENIMIENTO DE LA CALDERA	SEGURO SOBRE LOS VALORES INMOBILIAROS Y DE CONSTRUCCIÓN	CAMBIO DE BATERÍAS DE LA ALARMA DE HUMO	REVISIÓN POR TEMPORADA DEL TEJADO, DE LOS CANALONES DE RECOGIDA DE AGUAS, DRENAJE, OBSTRUCCIONES, ETC.	OTROS

¿QUIÉN?

Guarda los registros y las garantías de cualquier trabajo que haya sido hecho: qué se ha hecho, cuándo y quién lo ha hecho. Tal vez no vayas a necesitar esta información, pero estas garantías pueden normalmente transferirse y pueden ser útiles para los futuros dueños de tu casa.

IMPERMEABI-LIZACIÓN	REEMPLAZO DE VENTANAS	REPARACIONES DEL TEJADO	TRABAJOS DE CONSTRUCCIÓN	MATERIALES NUEVOS PARA EL REVESTIMIENTO DEL PISO

Una chica siempre puede usar una pequeña guía

PLANTILLAS

Las plantillas y las guías de las siguientes cuatro páginas son para los proyectos de trabajos de bricolaje que se han resaltado a lo largo del libro.

No tienes necesariamente que usar estos dibujos; ¡sé todo lo sutil o salvaje que quieras!

Margarita para estarcido 158-60

Puerta de librería páginas 114-15

Salpicadero de alrededor del cristal; páginas 108-109

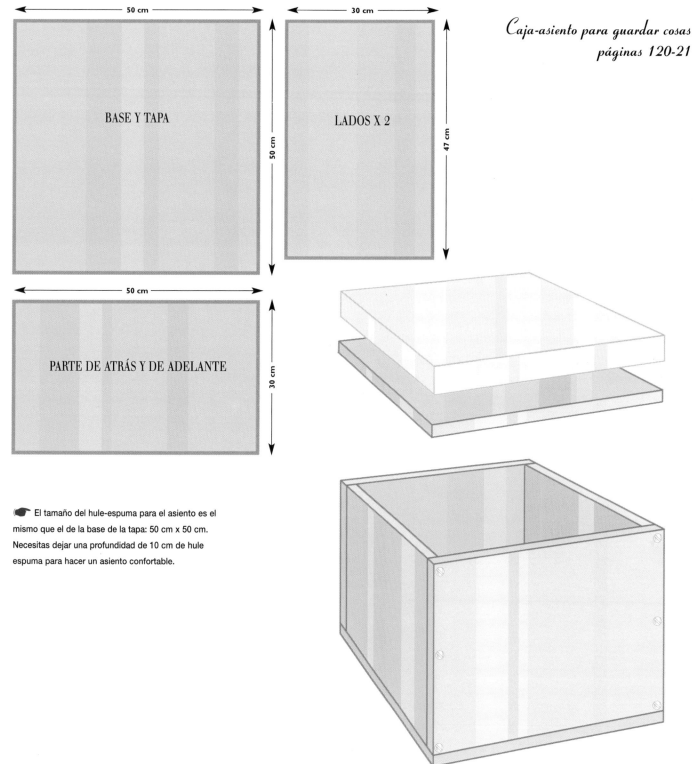

← 50 cm →

BASE Y TAPA

50 cm

← 30 cm →

LADOS X 2

47 cm

Caja-asiento para guardar cosas
páginas 120-21

← 50 cm →

PARTE DE ATRÁS Y DE ADELANTE

30 cm

☞ El tamaño del hule-espuma para el asiento es el mismo que el de la base de la tapa: 50 cm x 50 cm. Necesitas dejar una profundidad de 10 cm de hule espuma para hacer un asiento confortable.

Proyecto de almacén para debajo de la cama páginas 124-25

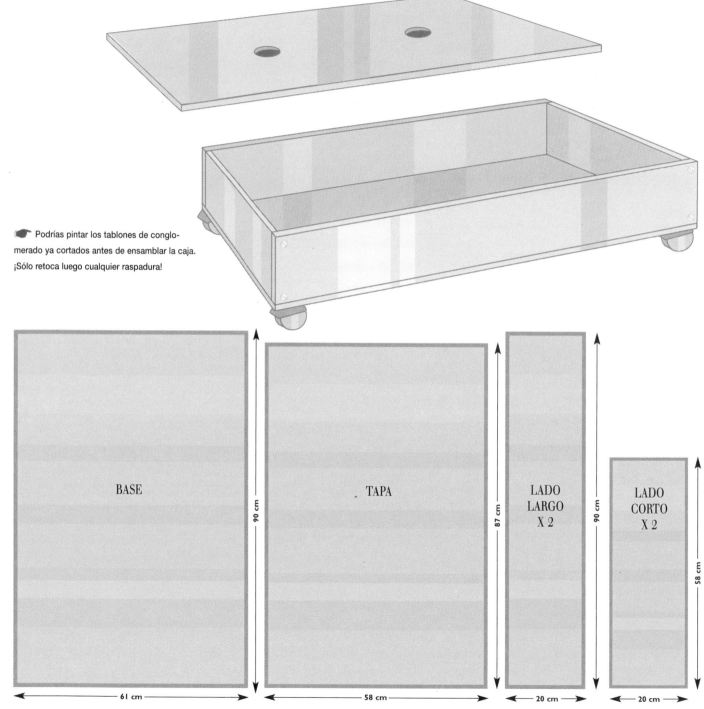

☞ Podrías pintar los tablones de conglomerado ya cortados antes de ensamblar la caja. ¡Sólo retoca luego cualquier raspadura!

BASE

TAPA

LADO LARGO X 2

LADO CORTO X 2

90 cm

87 cm

90 cm

58 cm

61 cm

58 cm

20 cm

20 cm

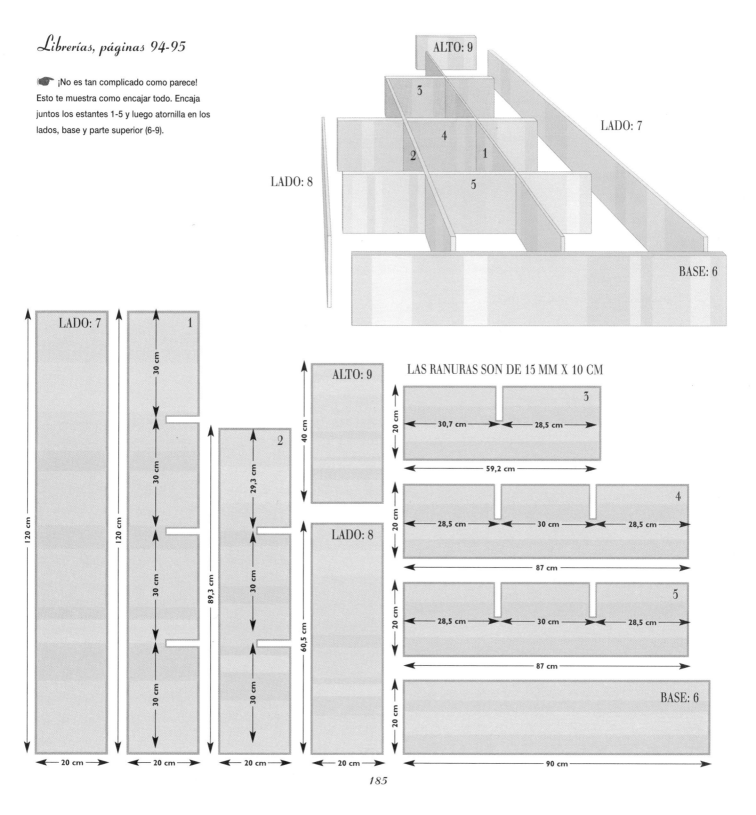

Librerías, páginas 94-95

👉 ¡No es tan complicado como parece! Esto te muestra como encajar todo. Encaja juntos los estantes 1-5 y luego atornilla en los lados, base y parte superior (6-9).

ALTO: 9

3

LADO: 7

4

2   1

LADO: 8

5

BASE: 6

LADO: 7

1

30 cm

30 cm

30 cm

30 cm

120 cm

120 cm

20 cm

20 cm

2

29,3 cm

30 cm

30 cm

30 cm

89,3 cm

20 cm

ALTO: 9

40 cm

LADO: 8

60,5 cm

20 cm

LAS RANURAS SON DE 15 MM X 10 CM

3

20 cm

30,7 cm   28,5 cm

59,2 cm

4

20 cm

28,5 cm   30 cm   28,5 cm

87 cm

5

20 cm

28,5 cm   30 cm   28,5 cm

87 cm

BASE: 6

20 cm

90 cm

GLOSARIO

¡AH! ¡ENTONCES PARA ESO ES LA BROCHA AZOTADORA!

ACABADO FORJADO Pintura metálica en atomizador creada para imitar un acabado metálico.

AGARRE Término aplicado a la superficie que ha sido lijada y está preparada para ser pintada o pegada.

AGUJERO DE PASO Agujero guía taladrado a través de una pieza de madera antes de que los agujeros avellanados sean hechos o los tornillos insertados.

AGUJERO PILOTO Agujero preliminar taladrado dentro del material para facilitar la inserción de la hoja de la sierra alternativa vertical o un agujero de pequeño diámetro usado como guía para el tornillo.

ALMOHADILLA DE SIERRA Sierra con hoja estrecha para cortar pequeños agujeros en la madera.

ALQUITRAVES Tiras de madera moldeada que se fija alrededor de los marcos de la puerta y la ventana como recurso decorativo para tapar la juntura entre el marco y la pared de alrededor.

ANILLO 'O' Sello de goma situado en el grifo.

APISONAR Usar un paño o una brocha para asegurar que el material esté apropiadamente adherido a otra superficie o compactarlas firmemente.

BISEL Corte inclinado.

BROCA Unidad de conexión metálica manual o para taladro eléctrico usada para facilitar taladrar agujeros de todos los diámetros.

BROCHA AZOTADORA Brocha con cerdas largas usadas para efectos de pintura.

CABEZA DE CRUZ Término para tornillos con una muesca en forma de cruz en la cabeza, para usarse con los destornilladores de cabeza de cruz.

CABEZA DEL GRIFO Término para un grifo moderno.

CABEZA RANURADA Tornillos con una sola muesca a lo largo de la cabeza.

CALZO PARA AJUSTE Piezas de madera en forma de cuña usados como soportes.

CAPA BASE Se aplica sobre la capa de agarre y antes de la capa superior en un sistema de pintado.

CAPA DE AGARRE Primera capa en un sistema de pintado.

CAPA PERDIDA Pintura emulsión de agua aplicada a las paredes para acentuar los agujeros, grietas y las zonas que requieren ser rellenadas.

CAPA SUPERIOR La capa final de un sistema de pintado.

CEMENTO Se usa para llenar y sellar los intervalos entre las baldosas de cerámica después de haber sido pegadas a la pared. También se usa en los proyectos para embaldosar mosaico.

CINTA ADHESIVA Cinta de bajo nivel adhesivo usado para cubrir áreas cuando son pintadas.

CISTERNA Contenedor de agua usado en los sistemas de fontanería y en la descarga de agua de los baños.

DESATASCADOR Barra larga y flexible que se usa para desatascar obstrucciones de agua y tuberías del caño.

DESBASTAR Quitar las astillas de la madera usando un cincel.

DESCONCHADO Cuando una capa de yeso o enlucido se despega de la pared.

DOVELA Moldura de yeso, politileno o algunas veces madera usada para cubrir la juntura entre la pared y el techo.

EFECTO PROTECTOR Efecto de pintura donde la cera es aplicada sobre la capa base; la capa superior es entonces raspada para mostrar la base porque la pintura no se pega a la cera.

ENSAMBLAJE Juntura entre dos piezas de madera. Las piezas se cortan en ángulo y una es ensamblada a su vecina.

ESCALÓN CON ESQUINA REDONDEADA Huella en la base del tramo de los escalones que tiene un borde o nariz curva.

ESPIGAS Pequeñas estaquillas cilíndricas usadas para hacer junturas seguras entre dos piezas de madera.

ESPONJA DE ALAMBRE Fibras finas de metal pegadas para formar una almohadilla que se usa para lijar.

FLOTACIÓN ver VÁLVULA FLOTADORA.

FUSIBLE Es un artículo protector usado en algunos sistemas eléctricos para prevenir la sobrecarga de corriente.

GRIFO DE CIERRE Grifo de un distribuidor usado para abrir y cerrar la entrada.

GRIFO DE TUBO Nombre que se da a un grifo de modelo antiguo.

GUILLOTINA Término aplicado a la parte que se desliza de una ventana de doble suspensión.

HILO DE PLOMADA La línea vertical perfecta, o el nombre para la cadena de contrapeso usada para encontrar la vertical.

HORNACINA Cavidad de las paredes que se extiende del piso al techo normalmente en ambos lados del testero de chimenea.

HUELLA Parte horizontal de un escalón.

INGLETE Juntura entre dos piezas de madera en las cuales los extremos de cada pieza fueron cortados en el mismo ángulo.

JUNTA ACODADA Trampilla encontrada debajo del lavabo o el depósito de agua, diseñado para atrapar los desperdicios antes de que entren en la tubería del caño para evitar obstrucciones.

LÁMINA DE YESO Tablas hechas de capas de cartón o papel pegado para enyesar, usadas en lugar de yeso o láminas de madera para hacer paredes.

LARGUERO Tira estrecha de madera.

MACHIHEMBRADO Término aplicado a superficies de madera que tienen una orilla ranurada y otra con lengüetas y que encajan perfectamente.

MADERA CONGLOMERADA Fibras de madera de densidad media hechas de fibras de madera comprimidas con dos lados suaves. La madera conglomerada tiene propiedades similares a la madera y está disponible en varios grosores.

MARCADOR Tabla con punta para trazar la forma de una superficie a lo largo del borde de un material en forma de hoja.

MELAMINA Cartón común laminado en uno o ambos lados.

MOLDURA CONVEXA Listón de madera moldeado usado como borde o marco decorativo.

MORTAJA Hendidura rectangular hecha en una pieza de madera o en una puerta para dar cabida a una cerradura o a otra pieza de madera cortada en forma de espiga.

NIVELADO Cuando dos superficies están perfectamente alineadas una a la otra.

PARED HUECA Pared hecha de dos capas de mampostería o láminas de yeso con un espacio de aire en medio.

PELO Dirección que siguen las fibras del tejido.

PIVOTE DEL EJE Parte baja de la cabeza del grifo a la cual el zócalo de goma es juntado.

PUNTAS VIDRIADAS Clavos pequeños usados para asegurar el cristal la ventana al marco.

REBAJE Hendidura rectangular encontrada a lo largo de la orilla del marco o piezas de trabajo moldeadas.

REFUERZO Capa de hule-espuma colocada sobre el subsuelo antes de instalar el revestimiento de tiras de madera o la alfombra.

REMATE Extremo decorativo pegado al poste de la cortina.

RENGLÓN DE CEMENTO Capa de cemento usada para nivelar el piso.

RUEDA PEQUEÑA PIVOTEANTE Rueda pegada a la parte de abajo de los muebles para moverlos fácilmente.

SUMIDERO Trampilla en la cual el agua de la lluvia y la tubería del caño se descarga antes de vaciarse en el drenaje.

TABICA Porción vertical de un escalón.

TABLAS DE MADERA Un manera de revestimiento del piso disponibles como tiras con ranuras o plaquetas.

TACOS Tubos de plástico que se meten a un tornillo. El taco es insertado dentro de un agujero pretaladrado en la pared. Cuando el tornillo se inserta, el taco se expande creando un espacio de gran agarre para el enroscado del tornillo.

TERMINAL DE SUJECIÓN Tornillo que sujeta los alambres de electricidad en un enchufe.

TUBOS DE DESAGÜE Tubos verticales de gran diámetro que lleva las aguas residuales hasta el lugar del vertido.

UNIDAD DE CONSUMO Panel de control del distribuidor de energía de tu casa.

VÁLVULA DE MARIPOSA Válvula circular de goma colocada en el sifón dentro del retrete.

VÁLVULA FLOTADORA Válvula que funciona flotando instalada en el tanque de agua o cisterna para regular la salida y entrada del agua cuando el tanque se vacía.

VARILLAS DE AGARRE Tiras estrechas de madera con un surco de picos pequeños usados para sujetar la alfombra.

VENTANA NORMAL Ventana con un cristal fijo y dos cristales con bisagras.

VETAS La dirección o el diseño de las fibras de madera.

VETEADO Efecto de pintura para simular las vetas de madera.

VIGAS Madera vertical que forma parte de las láminas de yeso de las paredes divisorias.

VIGAS DIVISORIAS Pared construida desde un marco de madera cubierto con láminas de yeso.

VISAGRAS Soportes trabe horizontales de metal para paredes, techos y pisos.

ZAPATA Disco de goma que se encuentra en el grifo.

ZÓCALO Este separa con un raíl la parte baja de una pared interior de la parte más alta.

LECTURAS COM-PLEMENTARIAS

¡AHORA ALGUNAS CUANTAS LECTURAS PARA LA HORA DE DORMIR!

1,001 DIY HINTS AND TIPS
(Reader's Digest, 1999)

COLLINS COMPLETE DIY MANUAL
Albert Jackson and David Day (HarperCollins, 1998, revised 2001)

COLLINS PLUMBING AND CENTRAL HEATING
Albert Jackson and David Day (HarperCollins, 1999)

THE COMPLETE BOOK OF PAINT TECHNIQUES
Penny Swift and Janek Szymanowski (New Holland, 1994)

THE COMPLETE DIY MANUAL
Mike Lawrence (Lorenz Books, 1999)

THE COMPLETE GUIDE TO WALLPAPERING
David M. Groff (Creative Homeowner Press, 1999)

COMPLETE PAINT EFFECTS
Sacha Cohen, Maggie Philo (Lorenz Books, 1999)

CUPBOARDS AND DOORS IN A WEEKEND
Deena Beverley (Murdoch Books, 1999)

DECORATIVE PAINT FINISHES
Louise Hennings and Marina Niven (New Holland, 2000)

HANDY ANDY'S HOME WORK
Andy Kane (BBC Publications, 2000)

HOME FRONT: STORAGE
Tessa Shaw (BBC Consumer Publishing, 1998)

THE NEW COMPLETE BOOK OF DECORATIVE PAINT TECHNIQUES
Annie Sloan and Kate Gwynn (Ebury Press, 1999, 3.ª edición)

ON THE SHELF
Alan and Gill Bridgewater (New Holland, 2000)

PAINT MAKEOVERS FOR THE HOME
Sacha Cohen (Southwater, 2000)

THE POCKET ENCYCLOPEDIA OF HOME REPAIR
John McGowan and Roger Du Bern (Dorling Kindersley, 1991)

READER'S DIGEST COMPLETE DIY MANUAL
(Reader's Digest, 1998)

THE WALLPAPERING BOOK
Julian Cassell and Peter Parham (Haynes, 1996; reedición 1997)

THE WALL TILING BOOK
Alex Portelli (Haynes, 1996)

THE WEEKEND CARPENTER
Philip Gardner (New Holland, 2000)

THE WHICH? BOOK OF DO-IT-YOURSELF
(Which? Books, 1999)

THE WHICH? WAY TO FIX IT
Mike Lawrence (Which? Books, 1999)

WOODWORKER'S HANDBOOK
Roger Horwood (New Holland, 2000)

✱ TE PRESTO MI GUÍA DE MAMPOSTERÍA AVANZADA SI TÚ ME PRESTAS ESOS ZAPATOS ROJOS DE TACÓN ALTO.